「バカの人」相手に感情的にならない本

和田秀樹
Wada Hideki

文芸社文庫

文庫版　まえがき

本書は、10年以上前に出して、当時はそれなりのベストセラーになった『バカの人』という本の文庫版です。

ただ、私にとっては、バカというのは人生の大きなテーマであり、本書もとても思い入れの深い本です。

要するに、50代の後半にさしかかった今でも、私の勉強や思考、そして文筆活動の源泉となっているのは「バカ」になりたくない一心なのです。

運よく、世間から見たら、一流といわれている大学に入れたおかげで、知的な意味で、「バカ」と思われなくてすむ幸運を得ました。

ただ、東大に入った当時、みんなが賢いと思っていたのに、賢い奴とバカな奴がいることはむしろはっきりと実感しました（これは、灘校の頃もそうだったのですが、灘よりもっと差がある気がしました）。勉強ができるのに、頭の悪い奴というのは、どうしてそんなことが生じるのだろうというのは、その後の大きなテーマになりました。自分はそんな風になりたくないと思うようになりました。

大学はろくにいかず（医学部なので、実習だけは出ましたが）、映画の現場の使い走りや雑誌のライターなどをしていたのですが、できが悪いと「東大行ってるのに、お前バカだな」といわれることは何度もありました。要領や段取りが悪いということなのでしょうが、そういうことに気を遣ううちに、今は当時と比べ物にならないくらい、文章を書くのも早くなりましたし、47歳で初めて映画を撮ったときにも、新人の異業種監督の割に段取りがいいとほめられました。

ということで、その他の分野でも、「学歴だけは立派だけど、バカ」といわれないように精進してきたつもりですし、いろいろな本を書く際でも、昔の知識に固執しないように、なるべく新しい理論や知識も組み入れるようにしてきました（新しいものがいいというのも決めつけと思っています）。実は、最近の私がいちばんバカだと思うのは、「世の中に正解がある」と思っているような偉そうな学者たちです。長い歴史の中でも、学問というのは、常にアップデートされてきたわけですし、今、有力な学説というのは、現時点でもっとも妥当と考えられる仮説ではあっても、「正解」ではないはずです。そして、そういうものにチャレンジして、成功した人がノーベル賞などをとってきたのでしょう。

ところが、日本では自説がもっとも正しいと思っている学者が多いし、テレビでも平気できめつけを垂れ流します。

これをこの本では「決めつけバカ」と呼んだわけですが、たとえばパーソナリティ障害の診断基準は、この10年のうちに改変はありましたが、本書に書かれるタイプのバカは、ほとんどすべて、現在でも私がバカと思っているものです。この10年で格差社会化が進みましたが、昔と比べ、バカと思われると、会社でリストラや非正規雇用の対象となりやすいようになった分、より有用になった気がします。それ以上に、私自身についても、そうならないようにしようと思っているものです。

ついでにいうと、これは人のことを蔑むためのものではなく、バカというのは差別用語ではなく、直せるものだ（だから、親しい人や自分の周りの人に使うのです）という前提で書いています。

ということで、私にとっても、自戒のためになっている本書が文庫となって、いろいろな人と共有して、一緒にバカが脱却できれば、著者として幸甚この上ありません。

末筆になりますが、文庫化の編集の労を取ってくださった文芸社の佐々木春樹さんとフリーエディターの石井康夫さんにはこの場を借りて深謝いたします。

２０１６年８月

和田秀樹

「バカの人」相手に感情的にならない本 ● もくじ

第6章 ふぬけバカ

あとがき

第1章

性格バカ

よりどりみどりの困った人たち

場が読めない、気が利かない人＝シゾフレ人間

性格バカとは言葉どおり、その人の性格が「バカ」だということです。

つまり、その性格のために社会でうまくやっていけない人ということです。

ですから、さまざまなパターンの人がこれに当たります。

例えば、人の気持を逆撫《さかな》でする人、場が読めないで浮いたことをする人、感情のコントロールがうまくいかない人、自分がその場で何を求められているのかよくわからない人など、さまざまなケースが挙げられます。

わが国の精神分析学界の第一人者でいらした故小此木啓吾《おこのぎけいご》先生が表現したところの、いわゆる「困った人」はこのタイプの人たちの典型例ということになります。

この「困った人」たちは、部外者として接しているぶんには、比較的能力も高く愛想も良くて「普通の人」なのに、少し近くに寄ってくると途端に「困った人」になってしまいます。

つまり、そばにいるとやっかいな人、恋人にしたり、友達にすると迷惑を受けてしまうのです。

本書でいくつかに種類分けした「バカ」のなかでも、この「性格バカ」を、1章目

に取り上げた理由は、やはりそれだけ、この手の「困った人たち」に悩まされている人が多いのではないかと思ったからです。まわりを見渡せば、きっと思い当たる人が、一人くらいはすぐに見つかるでしょう。

特に日本は、相手の気持を察したり、場を読むことができないと、社会生活が円滑に送りづらい文化の国なので、いわゆる「気が利かない」困った人たちは、居心地が悪く敬遠されがちです。そういう点では、日本人は場を読んだり、人の気持ちを読む能力が高いとされ、困った人もアメリカなどと比べると少ないと考えられています。

もっとも、最近は考え方もアメリカナイズされてきて、「欲しいものは相手が気をまわしてくれるのを待っているのではなく、自分から自己主張するべきだ」という考え方の人たちが増えてきたようです。

極論をいうと、相手が遠方から訪ねてきても、お茶を出す必要はない。もし喉《のど》が乾いていて、お茶がほしいのなら、本人が「お茶をくれ」と言うべきだ、という考えです。

そこで、「相手の気持ちが読めなくても構わない」とする若者世代と、そのことに抵抗を感じる旧世代との間で、大きな軋轢《あつれき》が生じる場面がでてきました。

こうしたアメリカナイズされつつある状況下で、場が読めない、気が利かない、「性格バカ」の若者たちに、イライラさせられる上司も多いのではないでしょうか。今、そういったすれ違いや対立が、日本の会社内で多くみられていると思います。

ところで、当のアメリカ社会といえば、頭さえよければ、仕事さえできれば、人の気持ちなど読めなくてもいいという「性格バカ容認的な社会」を反省して、対人関係の大切さに注目する考えに移行しつつあるようです。

これは、アメリカで、社会的な成功の必須条件として一番に挙げられてきたＩＱ的な知能が高いのにもかかわらず、社会で成功を果たしていない例が多くみられることから、その原因を分析した結果のデータが基になっています。

それによれば、ＩＱが高いのに社会的な成功を果たしていない人の多くは、対人能力や、感情面に問題があるということでした。

そこで、社会で成功するためにＩＱ以外にもう一つ必要とされる能力として重要視されつつあるのが、「心の知能指数」といわれる「ＥＱ」です。これは、もともと心の知性「emotional intelligence」と表していたものを、ＴＩＭＥ誌がＩＱに対抗する言葉として紹介したことから、ＥＱと呼ばれるようになったものです。

エール大学のピーター・サロヴェイとニューハンプシャー大学のジョン・メイヤーによると、この「ＥＱ」は、以下の５つの能力を示します。

心理学的ポイント

①自分の感情を理解できているか、できるか
②自分の感情をコントロールできるか
③物事を楽観的な考え方で処理することができるか
④相手の気持ち、感情が理解できるか
⑤人づき合いをうまくこなすことができるか

特に④⑤の能力がいわゆる「対人関係能力」で、社会生活を円滑に送るために重要な能力といえるでしょう。

ここで見逃してほしくないのは、「自己主張第一の国」のアメリカが、なぜ今この「EQ」に注目したかということです。これは、どんな文化を持つ国にしても、社会は人と人との「つながり」でできているのですから、結局のところ、感情や対人関係の重要性は無視できないということを意味しているのでしょう。

アメリカが日本の昔ながらの「気づかい」の文化を学ぼうとしているときに、日本では古いアメリカの「気づかいのない無遠慮」なむき出しの競争主義や、すべてを言葉で自己主張するという考え方を見習おうとしています。

これはおかしな状況です。

その影響だけではないでしょうが、重症の「性格バカ」のことを精神医学の世界では、「パーソナリティ障害」と呼ぶことがあるのですが、日本では「パーソナリティ障害」的な人たちが急増しつつあるように思えます。

パーソナリティ障害の人たちは、「対人関係能力が悪い」「衝動のコントロールができない」「物事の受け取り方が少し人とズレている」などの性格的な欠陥を持っています。

そのために、仕事がうまくいかなかったり、人間関係や結婚関係が長続きしなかったり、そのことで自分自身が苦しんでいるということが、パーソナリティ障害の定義です。

パーソナリティ障害とまではいえませんが、最近の若い人たちのパーソナリティの変化として、私がこの10年主張し続けている「シゾフレ人間」化も進んできているようです。

「シゾフレ」とは最近、統合失調症と呼び名を変えた精神分裂病の英名「シゾフレニアschizophrenia」の略です。私は、精神病ではない正常範囲の人で、そのような性格傾向をもつタイプの人たちを「シゾフレ人間」と名付けました。

この人たちの特徴は、自分の心の世界で、主役が「他人」にあることです。つまり、

他人にどう見られているかを常に気にして、主体性を発揮できず、自分の趣向なども、周囲や流行に合わせてしまうのです。

逆に古いタイプの日本の人たちは、心のなかの主役は、特別なシチュエーションでないかぎり、「自分」にあります。そのため、人と自分がいつも同じでは嫌だし、人との競争を好み、自分ががんばって自分の運命を切り開こうとしますが、だめなときは自分を責めてうつになってしまうのです。

このようなうつ病型の性格パターンの人を私は「メランコ人間」と呼んでいます。古典的なうつ病＝「メランコリー」ですから、そう名付けました。

シゾフレニア的な性格傾向を持ち、心のなかの主役は「他人」にあるということ、「他人」に合わせて言動も趣味もころころ変えていくし、ひどいときには感情まで適当に周りに合わせていくということです。ですから、「シゾフレ人間」の人たちには「自分」がないのです。

そのため、「シゾフレ人間」の人たちは、自分の本音を出さないし（そもそも本音というのをきちんともっているのかも怪しいのですが）、相手の気持ちを読もうともしません。ただ、表面的に合わせてしまうのです。相手の気持ちについては、わからない、といったほうが近いでしょう。

彼らは、自分らしさを持つよりも、「みんな同じ」であるほうが、安心できて満足なのです。

そういった、自分も含め、人の感情を読めない「シゾフレ人間」が、近年の日本では増えているようです。この人たちが、さまざまな「性格バカ」につながっているのは確かです。

加えてシゾフレ人間だけでなく、さまざまなパターンの「性格バカ」の人も増えているようです。文頭でもお話ししましたが、そうした「困った人」たちに、悩まされている人たちは少なくないでしょう。

そこでこの章では、「性格バカ」の人たちを、ケース別に例を挙げ、その傾向と対策についてお話ししていきたいと思います。

参考にしつつ、思い当たる人を思い浮かべて、楽しみながら読んでいただければ幸いです。

Ⓐ共感不能バカ…人の気持ちが読めない

事例　観察・近くにいるいるこんな人

・何かと人の気持ちを逆撫《さかな》でする人

・自慢話ばかりする人
・酒の席で自分の話しかしない人
・人の話を横取りして自分の話をする人
・やることなすことカンにさわる人
・場の雰囲気をかき乱す人
・察しが悪い人
・余計なお世話ばかりして、相手が喜んでいると思っている人
・話の論点が合っていないため、思わぬところで過剰な反応を示す人
・肝心なときにかぎって、爆弾発言してしまう人

傾向　診断・あぁ、やっぱりバカだったんだ

性格バカでいちばん多いのは、「他人の気持ちが読めない人」のパターンです。私はそれを「共感不能バカ」と名付けています。

例えばこういう人は、失恋をして落ち込んでいる相手に、「おまえ、彼女なんてすぐにできるよ」と、能天気に声をかけてしまいます。本人は慰めているつもりなのでしょうが、これでは相手の気持ちを逆撫でするだけです。つまりは、相手の気持ちが

見えていないのです。

事例に挙げた「自慢話ばかりする人」「酒の席で自分の話しかしない人」「場が読めない人」もすべて原因は同じです。この人たちは、相手が迷惑に思っていたり、建て前とは違うメッセージを相手が送っていることに、まったく気付いていません。そのため、周りがうんざりするような態度を平気でとり続けてしまいます。

日本は特に建て前と本音を使い分ける社会なので、人の気持ちや場が読めない人にとっては相当に生きにくい世の中だといえます。周りから煙たがられ、気をつけないと次第に淘汰されていく運命になるでしょう。

Ⓐ共感不能バカの扱い方

共感不能バカの人たちのなかには、「自己愛」が満たされていないことが、大きな要因になっているケースも少なくありません。

「自己愛」とは、自分が誰よりもかわいいと思う、自分を愛する気持ちのことです。この感情は誰もが持っているもので、そのために人は自分を向上させたいという気持ちが芽ばえてくるのです。ですから、その気持ちを満たしたいと思うのは正常なことです。

ただし、その感情が度を越して強かったり、極端に傷つきやすい場合には、パーソナリティ障害か、もしくはそれに近い状態にあるといえそうです。

この人たちは、何かの原因で、子どもの頃から自己愛が未熟なまま育っていなかったり、非常にもろい状態にあります。

そのため、必要以上に威張り散らしたり、自己主張をして、自己愛を満たそうとします。また、自己愛が傷ついている人は、他人が嫌がったり、傷つくことを平気で言ってしまう傾向にあります。あるいは、自己愛の傷つきを避けるために、人との接触を避けて、人嫌いになることもあります。

ですから、そういう人と上手に付き合うには、まず相手の自己愛を満たしてあげることです。いいところを見つけて、普段から褒めてあげていれば自己愛が満たされるので、必要以上に威張ることは減るでしょうし、自慢話で迷惑をかけられることもまぬがれるかもしれません。

また、相手が部下であったり、気のおけない友人であるのなら、本人に直接、それではまずいということを言ってあげるのもいいでしょう。

その際も、相手を傷つけないように「こうしたほうがうまくいくよ」というような感じで伝えたほうが賢明です。

自分のための予防・対処「共感不能の人」につける薬

周りや人の気持ちが見えなくなってしまうことは、「共感不能」の人でなくても、状況によってまま起こりうることです。

そのため、普段から「場」を読む訓練をすることをおすすめします。

具体的には、つねに「相手の立場に立って考える」ことを習慣づけることです。自分の言葉や行動で、相手がどう思うか、どう感じるかを考えるのです。

特に、いいことをしていると自分が思っているときほど、落とし穴はあるものです。「親切の押し売り」になっていないか、気を付けてください。

この「場」を読む訓練は、商売をするうえでも非常に役立ちます。商売とはつねにお客のニーズを知ることが重要ですし、きめ細かな接客をする点でも同様です。

つまり、客の立場に立って、自分のセールストークがどう聞こえるか、この商品がどんなふうに見えるか、売り方がどう受け取られるかを考えるのです。

また、本音で話ができる仲間や場を持っていれば、本音を話さない人の本音もある程度予想できるようになるので、自然と共感能力は高められると思います。

Ⓑ対人バカ…人づき合いがうまくできない

事例　観察・近くにいるいるこんな人……

・1対1の付き合い、少人数の付き合いができない人
・人と目を合わせない人
・傍若無人な態度をとる人
・気を使いすぎて疲れる人
・断らない人
・何をしてあげても、お礼を言わない人
・自分の世界に「プチ引きこもり」な人
・一匹オオカミを気取る人
・上司の誘いを必ず断る人
・一次会からカラオケボックスに行きたがる面々

傾向　診断・あぁ、やっぱりバカだったんだ……

性格バカの2つ目のタイプとして、「対人バカ」を挙げましょう。人とうまく付き合いができない「対人バカ」は、大きく2つに分かれます。

1つは、他人とトラブルを起こしやすいタイプ。

もう1つはその逆で、他人との接触をさけるタイプです。完全に接触を避けるのであれば「引きこもり」ということになるのですが、そこまでいかなくても、人間関係をなるべく避けようとする人は珍しくありません。

この二者は言い換えれば、「他人に迷惑をかける」タイプと、「他人から逃げる」タイプということになります。どちらも、人の気持ちが読めないために、対人関係がうまくいかないことが理由です。

さて、「他人から逃げる」タイプの重症例といえる引きこもりですが、公的な調査によれば、現在、日本における「引きこもり」は、１００万人を越えたとされています。

さらに、本格的な「引きこもり」ではないにしても、他人と感情の交流がうまくできない「心理的な引きこもり」を含めると、１０００万人に及ぶのではないかという意見も出ています。

この数字でいくと、日本人の約10人に1人が、本音の付き合いはせず、表面上は人と付き合っても、本心では、自分の世界に引きこもっているいわゆる「プチ引きこもり」であるというわけです。

なぜここまで引きこもりが多いかというと、日本独自の社会的ルールにも原因がありそうです。

例えば「対人恐怖症」は日本特有の精神疾患とされています。その原因を引き起こしているのは、日本の「甘え」と「間《ま》」の文化にあるとされています。

日本は、相手の気持ちを察して互いに気を使い、周りの空気を読んで状況と相手の感情を把握できなければ、うまくコミュニケーションがとれない社会です。

そこで、それがうまくできない人たちが、人と接するのが怖くなったり、あるいは、自分が人に不快な思いをさせているのではないかということが不安で仕方がない「対人恐怖症」という心の病になってしまうのです。あるいは、そのような症状がなくても、人との付き合いを避けて、引きこもりがちになってしまうのでしょう。

例えば、最近の若者を見ていると、ひと晩飲み明かすということがめっきり減っているようです。飲み明かすにしても、語り明かすのでなく、カラオケボックスで歌いまくってというパターンで自分の本音は出しません。

建て前が先行しがちなマスメディアが主役の現代社会では、本音を隠して、とにかく上辺だけは問題なくやり過ごそうとする「建て前だけの関係」が強くなってしまうのかも知れません。

Ⓑ対人バカの扱い方

対人恐怖には、周囲に気を使いすぎる人がなりやすい傾向があります。コミュニケーションに完ぺきを求めるあまり、少しでも人との関係がうまくいかないと、それでだめだと思ったり、人を嫌がらせているのではないかと、恐怖を感じてしまうのです。この状態がひどくなったパーソナリティ障害に「回避性パーソナリティ障害」があります。

これは人とかかわったときに、嫌われたり、批判されて恥をかくことを極度に恐れるために、他人との接触を「回避」してしまうものです。その裏の心理には必ず、自らの自己愛が傷つくことへの恐怖が隠れています。

ですから、さまざまな場から逃げることを容認するのでなく、できるだけさまざまな場に連れ出しながら、そこで傷つかないように細心の注意を払ってあげるべきです。「自分でも受け入れてもらえる場」を見つけて、自信をつけてあげることが必要です。

また、部下や恋人であるのなら、本音の会話でコミュニケーションをとっていきながら、普通に付き合っていれば傷つかないことをわからせていくことが、とても大切です。

自分のための予防・対処　「対人バカ」につける薬

私たちは誰もが社会で「本音」と「建て前」を使い分けて生きています。これはごく健全な生き方です。しかし、誰もが本音を押さえ込んで、建て前だけの生き方をする社会になってしまったら、途端にその区別がわからなくなってしまいます。

すると、多くの人が他人の気持ちが読み取れず、それこそ対人恐怖症になってしまうでしょう。健全な人間関係を取り戻すには、まず「同調」と「共感」の違いを理解することです。「同調」は建て前を合わせることで、「共感」は本音の感情を合わせることです。

本音で話して「共感」を得たとき、対人関係のすばらしさをおのずと知るでしょう。そのような機会を、努力して多く持つことをおすすめします。

精神医学的ポイント

対人バカ・プチ引きこもり予備軍チェックリスト

（アメリカ精神医学会の回避性パーソナリティ障害診断基準）

＊以下のうち４つ以上該当すれば、回避性パーソナリティ障害の要素がある

□ ①批判、非難、または拒絶に対する恐怖のために、重要な対人接触のある職業的活動をさける。

□ ②好かれていると確信できなければ、人と関係をもちたがらない。

□ ③恥をかかされる、または嘲笑されることを恐れるために、親密な関係の中でも遠慮を示す。

□ ④社会的な状況では、批判される、または拒絶されることに心がとらわれている。

□ ⑤不全感のために、新しい対人関係状況で抑制が起こる。

□ ⑥自分は社会的に不適切である、人間として長所がない、または他の人より劣っていると思っている。

□ ⑦恥ずかしいことになるかもしれないという理由で、個人的な危険を冒すこと、または何か新しい活動にとりかかることに、異常なほど引っ込み思案である。

ⓒからっぽバカ…自分の感情を置き忘れてしまっている

事例　観察・近くにいるいるこんな人……

・自分の意見がない人
・大多数の意見に常に賛成している人
・やる気がなく、とらえどころがない人
・好みや意見がコロコロ変わる人
・テレビや雑誌でみたことをあたかも自分の意見のように話す人
・流行に左右される人。流行の話題が好きな人
・趣味に一貫性がまるでない人
・知識はあるのに、話に信憑《しんぴょう》性がない人
・騒ぐだけで意味のない、大勢の飲み会が好きな人
・いつまでたっても信頼できそうにない人

傾向　診断・あぁ、やっぱりバカだったんだ……

性格バカのなかでも「からっぽバカ」とは、自分の感情や本音、あるいは自分が本当は何が好きなのか、などがわからない人たちのことです。前述した「シゾフレ人間」がその典型といえます。

統合失調症的な性質をもつ「シゾフレ人間」の人たちは、心の世界の主役がほとんど他人になっているので、自分というものがありません。つまり、周りの人の意見や状況に感情を支配されて、ただそれに従って行動してしまうのです。

そのため、価値判断も他人に任せっきりで、テレビで見聞きしたことを、あたかも自分の意見のようにそのまま人に話したり、自分の好みを簡単に変えて流行に飛びついたりします。彼らのなかでは、テレビの伝えることをはじめとして、マスコミの情報は絶対的で、みんながいいと言うモノはいいのです。

また、彼らは自分の意見を求められることを嫌い、自分だけが秀《ひい》でるより、みんなが同じで平等でいられるような競争のない社会を好みます。個人的な深い付き合いより、広く浅くの人間関係を好みます。

そのような状況下では、ますます自分が、本音で生きているのか建て前で生きているのかわからなくなってしまいます。本音がないのに、周囲に合わせているのが本心のように思えてくるからです。もちろん、人の気持ちなど読めるはずもありません。

そのため、対人に対する不和も出てきます。

本人たちは特に不満もなく平和でいいのでしょうが、社会的に「シゾフレ化」が進むと、この先の日本はどうなってしまうでしょうか。

競争をさせない「ゆとり教育」や「みんな仲良し」を押し付ける建て前型の教育、そしてマスコミの価値観への影響力の増大なども手伝って、シゾフレ人間は着実に、しかも急速に増えているのです。

©からっぽバカの扱い方

相手を観察して「からっぽバカ」だと判断したら、腹を割って本音で話せばわかる、ひと晩飲み明かせばわかる、などと思わないことです。

彼らにはもともと「本音」などないのですし、そのような深い対人関係をもっとも嫌うからです。

もし、相手が部下であるのならば、深い付き合いを避けるような態度や、しらけた態度に不安になったり、腹を立てたりしないことが大切です。

相手は「自分の意見を持たない」そういう種類の人間なのだということを理解してください。ただし、自分が頼りがいのある上司だというアピールだけは、しておくと有効かもしれません。自分のないシゾフレ人間は、つねに自分が従うべき相手を求めているからです。

相手を無理にわかろうとするより、あるいは相手にわかってもらおうとするより、相手を引っ張っていくほうが賢明です。

Ⓓ距離感バカ…人に対して好き嫌いが激しすぎる

事例 観察・近くにいるいるこんな人……

・人の好き嫌いが激しい人
・人に対する評価が、機嫌や状況でコロコロ変わる人
・たいして仲良くないのになれなれしい人。ズーズーしい人
・いつまでたっても遠巻きな人
・何かのきっかけで態度が豹変《ひょうへん》する人
・すぐにプチ切れする人
・ストーカーのような人
・自分と他人の区別がつかない人

傾向 診断・あぁ、やっぱりバカだったんだ……

相手に対してほどよい距離感がつかめない「距離感バカ」も、性格バカの1つといえます。特に日本は、人との距離感を大切にする文化があるので、この感覚が身についていないバカの人は、人間関係に問題が生じてくるでしょう。

付かず離れずの人との距離感についてあらわした「ヤマアラシのジレンマ」という話があります。これは、近づきすぎると、急になれなれしくなってしまったり、攻撃的になったりしてトゲでお互いを傷つけ合ってしまうし、今度は、それをおそれるために、他人から逃げてしまう傾向にある人たちのことを指しています。

そして、人との距離感に異常が生じているパターンで、重症になったものとして挙げられるのが「ボーダーライン」の人たちです。

「ボーダーライン」は精神医学用語では「境界性パーソナリティ障害」と言われるもので（「境界」を英語でボーダーラインという）、以下の特徴があります。

精神医学的ポイント

＊以下のうち４つ以上該当すれば、境界性パーソナリティ障害の要素がある

①現実に、または想像の中で、見捨てられることを避けようとするなりふりかまわない努力

②理想化とこき下ろしとの両極端を揺れ動くことによって特徴づけられる、不安定で激しい対人関係の様式
③同一性の混乱、著明で持続的に不安定な自己像または自己意識
④自己を傷つける可能性のある衝動性で少なくとも2つの領域にわたるもの（例：浪費、性行為、物質乱用、無謀な運転、過食）
⑤自殺の行動、そぶり、脅し、または自傷行為の繰り返し
⑥顕著な気分反応による感情の不安定性（例：通常は2～3時間持続し、2～3日以上持続することはまれな、エピソード的に起こる強い不快気分、いらだたしさ、または不安）
⑦慢性的な空虚感
⑧不適切で激しい怒り、または怒りの制御の困難（例：しばしばかんしゃくを起こす、いつも怒っている、取っ組み合いの喧嘩を繰り返す）
⑨一過性のストレス関連性の妄想様観念または重篤な解離症状

そのため、理想化していた相手に何か嫌なことが見えると、突然こきおろしたりするようになり、あげくの果てには昔の恋人にストーカー行為を働くケースも出てきたりします。

パーソナリティ障害までいかなくても、この傾向にある人は、人に対して「大好き」か「大嫌い」の選択肢しかありません。しかも、その評価は何かのきっかけで、がらりと変わってしまうこともあります。そのうえ、キレやすく、一度怒らせてしまうと執拗《しつよう》にいつまでも怒り続け、恨みを持たれることもあります。

付き合う相手として、もっとも付き合いづらいタイプと言えるでしょう。

Ⓓ距離感バカの扱い方

このような「ボーダーライン」傾向を持つ距離感バカの人は、ヘタに刺激しないほうが無難です。自分からほどよい距離をとって、上手に付き合っていくしかないでしょう。はっきりとボーダーラインとわかる場合は、可能であれば、むしろそういう人とは付き合いを避けたほうが無難でしょう。

仮に相手が上司で、好かれてしまっているのであれば、相手をよく観察し、逆鱗《げきりん》に触れないように注意しましょう。特にこのタイプの人は、自己愛が未発達のことが多いので、プライドを傷つけるようなことを言って刺激しないことです。

また、好いているときには、関係をとても大切にしてくれるし、安全で、むしろなんでも味方になってくれるのですが、一度、機嫌を損ねると手の平を返したように態度が変わります。

ズバリ、仮に好かれていたとしても、あまりかかわらないほうがいいタイプです。もちろん、恋人にするには危険人物です。

自分のための予防・対処　処方・バカにつける薬

人とのほどよい距離とは、つねに遠慮がちに離れていればいいというわけではありません。近付きすぎていれば、図々しいと感じるし、逆に遠慮すぎると避けられている気がして相手は不快に感じたりします。

要は、相手が自分にとっている心理的な距離と、自分が相手にとっている心理的な距離が違っているときに、人は違和感を感じるものなのです。ですから、お互いが相手にとっている距離が同じであることが、いちばん望ましい距離といえます。

そうするためには、つねに相手との距離を意識して、相手がどう感じているのかを気にかけることが大切です。もちろん、簡単ではないと思いますが、少なくとも相手の気持ちを確かめるくらいの気づかいは必要でしょう。

Ⓔ自己愛バカ…他人の話が聞けない自分が絶対

事例　観察・近くにいるいるこんな人

①必要以上に威張り散らす人
②意見されると怒ってすごく不機嫌になる人
③召し使いのように部下を扱う人
④つねに傲慢《ごうまん》な態度で人を見下している人
⑤頭の固いワンマン人間
⑥言い出したら聞かない人
⑦人のことを勝手に決めつける人
⑧つい人を傷つけてしまうような人
⑨非情な判断に顔色1つ変えない人
⑩昔の成功にとらわれている人

傾向　診断・あぁ、やっぱりバカだったんだ

自己愛バカとは、言葉のとおり「自己愛」が満たされていない、または傷ついているために、非適応的な自己愛の状態になって、人づき合いがうまくいかず、社会生活に支障をきたしているタイプの人のことです。この症状が進むと『自己愛性パーソナリティ障害』となります。

自己愛型パーソナリティ障害の定義の1つ目は、「自分が称賛されたいという欲求が強い」。

つまり、褒《ほ》めてくれないとか注目されないとムカついて仕方がない人です。

2つ目は「俺ほど偉い人間はいない」というように、自分の重要性や能力に対する過大な感覚がある人。

そして3つ目は、そのくせ「人の気持ちがわからない」ということです。

パーソナリティ障害までいかなくても、このように自己愛に問題がある「自己愛バカ」は、「自分が言われたこと」については非常に過敏になりますが、他人には傷つくようなことを平気で言ってしまいます。

「そんなことを言われたら傷つくじゃないか」「なんて失礼なことを言うんだ」と他人の言うことに怒りながら、同じようなこと、もしくはもっとひどいことを他人には言うのです。

自分が傷ついているのなら、もう少し人に配慮があってていいようなものですが、こういう人は自分の自己愛を守ることが精一杯で、他人のことを考える余裕がないのです。

自己主張や実力主義の国といえるアメリカでは、自己愛に障害があるにもかかわらず、能力が高いと、「褒められないとムカつく」「人のことを考えない」「平気で部下のことをボロクソに言う」「容赦なくクビ切りができる」ような暴君タイプの人が、力あるリーダーとして成功者になる例も多くあります。

本当は人格的に未成熟な人間でも、自信のない一般大衆にとっては、パワフルで頼りがいのあるリーダーとして光り輝いて見えてしまうのです。

昔の日本の会社には上司として向かないタイプでしたが、最近は時代も変わり、そのような人物が成功者になることが、日本でも珍しくありません。

ただし基本的にこのタイプのリーダーは、他人の気持ちがわかっていないので、最終的には自己満足的な判断を下しがちです。

例えば経営者でも、自分のやり方が大衆とシンクロしている間はいいのですが、時流に合わなくなると一気に経営がダメになってしまうこともあります。そして、そうなっても、味方がいないため、周囲からの援助も受けられないのです。辞めた舛添要一前東京都知事などは、その典型例のように思えてなりません。

Ⓔ自己愛バカの扱い方

自己愛バカは、自己愛が満たされていないのですから、単純にそれを満たしてあげればいいということになります。ですから、仮に上司に意見がある場合にも、すぐに意見から入るのではなく、まずは褒めたり、相手の喜びそうなことを言うなりして、相手の自己愛を満足させることが得策です。そうしておいて、交渉に入ると意外とうまくいく場合もあります。

自己愛バカの人に、とにかく、逆らってもいいことはありません。この手のタイプの人は、自分が意見されたと思うだけで、ふくれてしまいます。無駄に怒らせるよりは、気持ちよくさせて聞く耳を持たせることが先決です。

自分のための予防・対処 「自己愛バカ」につける薬

世の中、意外に自己愛バカ的な人間は多いので、自分がそうなっていないかのチェックが必要です。自分は人に対して「傲慢な態度をとっていないか」「頭が固くなっていないか」「正しい判断はできているのか」などとつねに自分の行動パターンを、第三者的にみてチェックする必要があります。

そして、問題点を見つけたら、それを紙に書きだして対処法をいくつか書いてみてください。

最初のうちは、一つの問題に対して一つの対処法しか浮かばなくても、訓練していくうちに、次第にいろいろな方法が浮かぶようになり、頭が柔軟になってきます。また、人の意見を素直に聞く努力も必要です。

精神医学的ポイント

自己愛バカ度チェックリスト

（アメリカ精神医学会による）

＊9項目中、5項目当てはまるものがあれば、その人はかなり自己愛を満たされることを渇望している人物、または自己愛性パーソナリティ障害者に近い

□ ①自分が重要であるという誇大な感覚（例：業績や才能を誇張する、十分な業績がないにもかかわらず優れていると認められることを期待する）

□ ②限りない成功、権力、才気、美しさ、あるいは理想的な愛の幻想にとらわれている

□ ③自分が〝特別〟であり、独特であり、他の特別なまたは地位の高い人達（または団体）だけが理解しうる、または関係があるべきだ、と信じている

□ ④過剰な賛美を求める

□ ⑤特権意識（つまり、特別有利な取り計らい、または自分が期待すれば相手

が自動的に従うことを理由もなく期待する）

□ ⑥対人関係で相手を不当に利用する（すなわち、自分自身の目的を達成するために他人を利用する）

□ ⑦共感の欠如：他人の気持ちおよび欲求を認識しようとしない、またはそれに気づこうとしない

□ ⑧しばしば他人に嫉妬する、または他人が自分を嫉妬していると思い込む

□ ⑨尊大で傲慢な行動、または態度

Ⓕケンカバカ…上手にケンカができない

事例　観察・近くにいるいるこんな人……

・感情にまかせてケンカをする人
・ケンカの引き際を知らない人
・相手が立ち直れないほど、執拗に追い詰める人
・後味の悪い勝ちかたをする人

・姑息《こそく》な手を使う人
・引くに引けない人
・自爆する人
・自分が悪いのに謝れない人
・メールでケンカを売る人

傾向　診断・あぁ、やっぱりバカだったんだ

社会生活を送るうえで、人とのトラブルはつきものです。ときにはお互いの利害が相反する問題が発生したり、意見の食い違いが起きることもあるでしょう。

そのときに、自分の自尊心や生活を守るために、戦うことはけっして愚かなことではないと思います。場合によっては大切なことでさえあるでしょう。

ですから、私はケンカをするのが悪いとは言いません。ただ、ケンカのやり方を知らない人が多すぎるように思います。

基本的にケンカは、自分の意見を通すためにするものです。

ケンカが終わったときには、勝っても負けても、どちらかが、または両者が、納得のいく結果を得ていなければなりません。

ところが、手を打つタイミングがわからないために、ただの泥仕合になったり、修復が不可能なほど関係が険悪になってしまうパターンが多くみられます。

さらには、考えなしに上司に食ってかかって、左遷されてしまったり、離婚したりと、人生をあっさり棒に振ってしまうことさえあり得るのです。

少なくともケンカに勝ったつもりでも、後々相手から恨まれたり、トラブルが生じるようでは、結果的に損をしてしまいます。逆にケンカは上手にやれば、自己の人間性をアピールする場にもなり、コミュニケーションのいいツールにもなります。

そのために、楽しく有意義にケンカをするためのポイントをつかんでください。

心理学的に頭のいいケンカのやり方

- ケンカを始めた時点から、つねに「落としどころ」を考えてすすめる。できれば、相手との妥協点を探り、無駄な泥仕合はしない
- 感情的になったケンカほど、先に謝ったほうが勝つ。自分の非を認めたら、潔く謝ってしまったほうが評価は上がる
- 「逃げるが勝ち」のケンカもある。得をしないケンカをふっかけられても、聞く耳を持たない

・人間関係を考えるなら「10対0」の圧勝よりも「6対4」の辛勝をめざせ
・恨まれないために、ケンカの相手にも「自己愛」を傷つけない気づかいを
・上司とケンカするときは、相手の性格をまず見極める
・意見を通すには味方を増やして、まわりを固めていくケンカのやり方もある
・「ケンカ」ではなく「交渉」するつもりで挑む心の余裕を
・文句、不満などの意見は、メールを使わず、直接話すこと

性格バカの「まとめ」

性格バカの人、さらに重症なパーソナリティ障害的なバカの人でも、自分でその問題に気づく、例えば、「人の気持ちがわからない」ということがわかれば、努力のしようもあります。

しかし、一般的に「神経症」の場合は、自分がその病気であることを自覚して、苦しみ悩むことが多いのに対し、「パーソナリティ障害」は、逆に自分は苦しまずにまわりが苦しむ病気だと言われています。

パーソナリティ障害、または、その傾向にある人の場合は、まわりの人は迷惑を受

けたり、不快に感じたりしているのですが、本人はそれに気づいていないケースが多いのです。

このようなタイプの人たちは、バカというより「困った人」なので、知的には「バカ」のクライテリア（診断基準）には入らないのが一般的です（もちろん、その性癖のために学業に身が入らず、知的な意味でもバカになってしまう人も少なくありませんが）。しかし、いずれにせよ、やはり立派な「性格バカ」として、「バカ」の基準に入るべきものだと思います。

例えば、いわゆる「学歴バカ」とか「東大を出ているのに使えない」と言われる人は、本書で述べる「バカ」のカテゴリーのいくつかに、あてはまっていることが多いでしょう。学歴が高いのに、「バカ」と言われてしまう人は、その理由は1つだけではありません。

それほど知識が豊富だったら、本来は有利に働かなければおかしいのに、その有利さを補ってあまりあるほどいくつかの「バカの地雷」を踏んでいるということなのです。逆に、世間的にみれば凡庸《ぼんよう》な人でも、地雷を踏んでいなければ、そこそこの線まで出世できるものです。少なくとも、これから8章に分けてお話しする「バカ」に当てはまっていなければ、少しずつでも進歩していく可能性がある人間ということが言えます。

バカの一番の問題点は、もともとバカかどうかということではなく「明日より今日」が賢くなれないということです。

バカではない人は、生きていく過程で少しずつ賢くなっていけるものです。

つまり、バカになりさえしなければ、多少いま自分が人より劣っていても、長い目でみれば解決がつくのです。そういう心もちで、読者の方はこれから本書を読み進めていくなかで、バカにならない生き方を身につけていただけたら幸いです。

ここがポイント 和田式 バカな！**ことわざ・熟語**の基本用法

Lesson1　バカ野郎！

語意　「バカな男め！」の意。人をののしるときに使う。

【和田式解釈】

どの会社にも「バカ野郎」はいます。

ただの「バカ」ではなく、「バカ野郎！」と、思わずどなりたくなるようなバカです。

「バカ」は最悪、相手にしなければいいのですが、この「バカ野郎！」たちは、ちょっと目を離したすきに、「バカな！」と、目を疑いたくなるような多大な被害を引き起こしたりします。「何を考えているのかわからない」と、痛む頭を抱えながら、自分がすることと言えば膨大な量の尻ぬぐいです。

その脇で、当の本人は、能天気に同僚と無駄話をたたいていたりするのです。そうなれば、やはり頭の1つもはたきたくなる気持ちもわかります。

これを予防するために「失敗学」の権威の畑村洋太郎東大名誉教授は「架空仕事の原理」という理論を提唱しています。要するに、やる必要のない仕事を与えて「本当の仕事」に参加させないのです。マイナスよりはゼロのほうがましという現実的な考え方です。

「君は頭がいいから、将来のプロジェクトのほうを準備しておいてくれ」と相手の自己愛を満たしながら、仕事に参加させない。これができれば、プロの上司と言えそうです。

ここがポイント 和田式 バカな！ことわざ・熟語の基本用法

Lesson2　バカ騒ぎ

語意　むやみに騒ぐこと。大騒ぎ、底抜け騒ぎ、どんちゃん騒ぎ、などの意。

【和田式解釈】

「バカ騒ぎ」とは、大騒ぎしている割には、実がないことです。楽しかったけれど、振り返ってみると何を話したのかまるで覚えていない、というようなことです。

私が近年増加していると指摘している、統合失調症（かつては分裂病と呼んでいた）的性質を持つ「シゾフレ人間」たちは、少人数で深い話をするより、この「バカ騒ぎ」を好む傾向にあります。

彼らには、確固とした自分の意見や考えがありません。そのため「主張」「強調」「責任」を嫌うので、結果として、みんな楽しく仲良しで内容がない「バカ騒ぎ」に落ち着くことになります。もっと言えば、そうすることしかできないのです。しかし、本人たちはそれで何の問題も感じていません。「シゾフレ人間」は、そういう性質の人たちなのです。

「どうせやるなら」「どうせ騒ぐなら」実のあるものにしたいものです。周りに合わせているだけなら、本当の意味での騒ぎと言えないのですから。

第2章

実直バカ

勤勉なのにリストラ候補Ｎｏ．１

こんなに働いているのに評価されない……

「自分は要領が悪くて損をしている」

「自分はこんなに働いているのに評価をされない」

そう思っている人は少なくないのではないでしょうか？

もし、思っているとすれば、「実直バカ」の要素があるかもしれません。

このような人の多くは、要領が悪く、与えられている課題の本質がきちんと理解できていません。つまり、何をやれと言われているのかよくわからない。もっと言えば「まじめに働きさえすれば、それでいい」と思っているのです。

ですから、「この仕事を明日までにやっておいてくれ」と言われても、完ぺきを求めるあまりに全然進まない、残業してひたすら机に向かったあげく、途中までしか仕上がらなかった、ということが起きてきます。

さらにたちが悪いのは、「一生懸命やった結果なのだから仕方がない」と、本人は充実感さえ覚えて納得していることが珍しくないのです。

このように、自己弁護、自己満足のパターンができ上がっていると、本人たちには努力してできないことがむしろ美徳というか、格好よく思えてしまいます。その「できないこと」で、いかに会社に迷惑をかけているか、この人たちはまったく考えません。

つまり、自分は人生をかけて実直に、会社に貢献していると思い込んでいます。それは「実直」というより、努力そのものが「労働の目的」になっているのです。それは「実直」というより、正確な言葉で表現すれば「愚直」です。

全般的に言えることですが、このタイプの人たちは努力や苦労の割に、驚くほど結果が出ません。そうなれば、やはり周囲の人からは「すごいバカ」と見られている可能性はあります。

このような愚直で要領の悪い「実直バカ」の人は、外資系の会社では最もダメだとされるタイプです。『「クビ！」論。』を書いた梅森浩一さんも、その本のなかで真っ先にリストラ候補として、このタイプの人を挙げています。本人は悲しいことに、肩を叩かれるまで寝耳に水で、「なんで俺みたいにマジメな人間が……」とショックを受けたりします。「成果から見たらお前はビリなんだよ」ということがまったくわかっていないのです。

ところが、困ったことに日本の会社はまだ、このような愚直な「努力の人」が、認められる傾向が残っています。「アイツは裏切らない」と信頼されたり、マジメに見えるので仕事の成果とは別に評価されたりします。

どう考えても要領のいい人を上手に使うほうが会社は伸びるはずなのですが、このような要領の悪い人を好む上司は、自分もまた要領の悪い実直バカだったりするのです。まさに「バカの悪循環」です。

しかし、この人たちが生き延びていけるのは、その限られた空間だけです。次にそういう上司との出会いがないと、その人はずっとダメの烙印《らくいん》が押されたままとなります。リストラされないにしても、同情で会社に置いてもらえているだけマシ、というみじめな立場に追いやられてしまうのです。

成果主義などと言う前に、まずこの会社の風土を何とかしなくてはいけません。

その点、トヨタの改善（カイゼン）運動は思い切っていました。「今日と明日は必ず違うやり方を」というのが、トヨタの打ち出した方針です。つまり、昨日より1秒でも速くできるようになったのなら、すぐにそのやり方に切り替えよう、という完ぺきな実力・成果主義です。逆にやり方を変えてうまくいかないのなら、もとに戻せばいいという発想です。あるやり方で固定しないぶん、みんなはつねに頭を使って考えます。その結果、自然と要領がよくなっていくのです。

しかし、日本の社会全体でいえば、「オリンピックは参加することに意義がある」「勉強というものはプロセスが大事なんだ」などという、日本的でまかせな考え方を捨てない限り、この風潮はまだまだ変わりそうにない気がします。

コツコツ型の秀才は東大に入れない

コツコツ努力しても結果がともなわないという人は、要領の悪さ、つかみの悪さが空回りしている、いわゆる「くそまじめ」な人です。無駄な努力をして何の結果も出ないなら、やらないのと実際は何も変わらないのです。

私がどうして『受験は要領』という本を書いたかと言えば、学生の頃の経験があります。

高校３年生の夏休み、私は受験勉強のめども大体ついて暇だったので、ナンパの目的も含めて図書館に通うようになりました。そこで私が見て唖然《あぜん》としたのは、公立校の学生たちが、いかに要領の悪い勉強のしかたをしているかということです。

ある女の子は、朝の９時から夕方５時まで食事にも行かず、トイレにもほとんど立っていないのに、数学の問題が１日で３問くらいしか進んでいない。ある席では、古文の文章を教科書からノートにひたすら写している……。そんなやり方をしていたのでは、受験勉強なんて日が暮れても終わりません。

自分の通っていた灘高の生徒が、みんな頭がいいかは別として、少なくとも、そんなにどんくさい勉強をしている人はいませんでした。それを見て私は彼らには、ひっくり返っても負けることはあり得ないと思ったものです。

受験勉強は、量をこなさなければできるようにはなりません。1日かけて数学が3問しか進まないのだったら、先に答えを見てしまったほうが、はるかにましです。そんなことも思い付かない人は、やはり私からすれば要領の悪いバカとしか言いようがありません。

図書館にいた他校の生徒のなかには以前からの知り合いもいて、私はその友だちグループと仲良くなりました。その知り合いの友だちは、もともと神戸大学志望くらいの秀才だったのですが、私が勉強法を教えたところ、夏休みからの数カ月でぐんぐん成績を伸ばし、現役で東大に受かってしまいました。

受験一つとってみても、いかに要領が大切かということです。私が『受験は要領』という本を書いたのは、そのためです。

要領の悪い人は、まじめにコツコツとやっていれば努力は報われると思い込んでいます。それは会社側から見ると、非常に質が悪いのです。いつまでも残業をしている。その割にいつまでも仕事が終わらない、終わったとしても出来が悪い、その結果、まわりの足を引っ張る……。

現在は、昔と比べてプロセスよりも、結果を見る成果主義の時代になってきていますから、要領の悪い人はどんどん邪魔もの扱いにされます。

それこそ、数学の問題を8時間でも10時間でも、考えるのが正しいと思い込んでいる元秀才みたいな人は「いらない人」になってしまうのです。

そういう人に限って「俺はまじめにやっているのに努力が報われない」と愚痴をこぼします。自分が恐ろしく非効率的なことをしていることに、気がついていないのです。

デキの悪い教師とデキの悪い上司

公立の学校で授業をしているような先生たちのなかには、どうにかこうにか教育大学や大学の教育学部に入ることができたタイプの人も少なくありません。

つまり、教師になりたくてその大学に入ったのではなく、そこしか入れなかったから教育の勉強をし、その延長線で教師になったというタイプです。

こういう先生たちは、実は勉強のやり方がよくわかっていません。きちんと要領のいい勉強の仕方をしていたら、ひょっとしたら東大などに入って、今頃は官僚か何かになっているかもしれないのです。東大でも努力だけで入ってくるようないちばん要領の悪い人たちが教育学部に入ることが多いように思います。要領のいい人は文Ⅰ（法学部進学課程）や理Ⅲ（医学部進学課程）に行くことが多いでしょう。

そういう教師のなかには、要領が悪かったから教育学部や教育大学にしか入れなかった（教育学部が悪いといっているわけではありませんが、現実に他学部より入試の難易度が低いのは確かです。もちろん、最初から教師志望の人もたくさんいることも認めます）のに、今度はそのどんくさい勉強のやり方を子どもたちに押し付けてしまう人も少なくないのではないでしょうか？

「数学の問題は最後まで考えなくてはいけない」というのは、いわゆる努力主義、根性主義の実直バカ勉強法です。その教育を受けた子どもたちが、やがて社会に出て同じことを繰り返す。あるいは、要領のいいやり方を試す経験をしないために、そういうものがあることも知らないまま大人になる。その悪循環で、要領の悪い努力主義、根性主義の実直バカタイプが結局はびこってしまうのでしょう。

逆に予備校の先生などは、ほかの先生より生徒の成績を上げないと勝ち抜けない代わりに、成功すれば年収1億円も夢ではありません。結局、自分も要領よく勉強し、子どもにも要領を教えて成績を上げていくような人が多いようです。勉強の教え方がまったく違うのです。しかし、教育の世界では主流派はやはり公教育なのです。

こうした背景のもと、「ゆとり教育」のような考え方が出てきました。子どもが勉強についていけないのは、要領の悪い教え方のせいだと私は思います。それなのに、子どもが勉強させられすぎてかわいそうだと思われてしまったのです。

そして、世の中は学校の勉強だけではないのだから、もっと自由な教育で子どもたちの才能を伸ばしてあげよう、という考え方が強まったのです。

いずれにせよ、この考え方は、私から言わせれば、成績が悪くていい大学に入れない子どもたちに同情して、単なる逃げ道を与えたにすぎません。やり方がよければ極度の努力や根性がなくても、東大や一流大学に入れるのです。少なくとも性格が歪むとか、心の病になるほどの努力や根性は必要ありません。

なのに、そこにはもう少し楽にいい成績を取らせてあげる方法を考えてやろうとか、教え方や学び方を工夫してみようという発想がありません。

勘違いしてほしくないのは、私はなにもゆとりを与えることが悪いと言っているのではありません。「ゆとり」か「ど根性」か、という二極対立ではなく、多少「ゆとり」を与えながら、もっと本当の意味で能力を伸ばしてあげる教育を考えるべきではないかと言っているのです。

努力・根性主義の実直バカの上司を持ってしまったということは、要領の悪い教師に付いてしまったのと同じようなことです。現実には、要領の悪いどんくさい人が、きっと中間管理職にはたくさんいるのだと思います。要領のいい人だったら、もっと偉くなっているはずです。いい年になっているのに自分の直接の上司レベルでとどまっていることはないはずです。

以前はこういう要領が悪い物量主義者でも、努力していればそれなりに評価されて出世したものです。しかし、これからの時代は違います。結果が出せない人間は邪魔もの扱いされ、淘汰《とうた》されていく運命にあると考えていたほうがいいでしょう。

利口の余裕・バカのひがみ

「自分はまじめにやっているのに努力が報われない」と思っている人の多くは、私に言わせれば要領が悪いだけです。ここでは一つの方向だけでなく、複数のものの見方ができるような「考え方の多様性」が大切になってきます。

あるやり方でうまくいかなければ、別のやり方をするしかありません。最近はその手のハウツー本や成功者のノウハウを書いた本もたくさんあるので、自分が変わりたいと思ったら、変えるヒントはいくらでも転がっています。要領をよくするためには、要領のいい人のマネをするのが早道の一つです。

ところが実際には、そういう人に限ってこういう本を読もうとしません。「努力の人」だから読まないということさえあるでしょう。

このタイプの人は、要領がいいことを「ズルい」と思って、毛嫌いする傾向にあります。ですから要領のいい人のマネも決してしようとはしません。むしろ「あいつは楽ばかりしている」「あいつは汚い」と言ってひがみます。

このように、要領の悪い人の良くない1つのパターンとして、要領のいい人に対して学ぼうとするのでなく「すねたり、ひがんだりする」という傾向が挙げられます。そして「俺は不運だ」「あたしは悲劇のヒロインだ」ということになってしまいます。その枕詞《まくらことば》には「こんなにまじめにやっているのに……」が必ず付いてきます。こうなると、その要領の悪さに安住してしまうので、たちが悪いのです。

なかには要領が悪いがために、俺はどうせダメだと思い込んであきらめてしまう人がいます。こうなると努力さえしませんから、成功の芽はまったくなくなります。

一方で「どんくさいなりに努力を重ねることが尊い人間だ」と自己暗示をかけて満足してしまう人もいます。あきらめるよりはまだマシかもしれませんが、どちらにしても要領の悪さをやり方の悪さと考えられないのですから困りものです。

頭のいい人は、みんなが5時間かかる仕事を1～2時間で終わらせる要領を知っています。楽をしているのに明らかに仕事の業績は上がっているので、確かに要領の悪い人から見たら憎たらしく感じるかもしれません。

「あいつ、うまいことやってるな」と思ったら、そのやり方をマネすればいいのに、要領の悪い「努力の人」は、そういうふうに思うことができないのです。

そのうえ、ひがんでいるので、要領の悪いもの同士が固まりやすくなります。そうやって、自分たちの仕事のやり方を正当化しようとします。

そんなことをしているので、せっかく要領のいい人からノウハウを教えてもらえるチャンスがあっても、それを活かしていないことが多いと思います。

よく言われるように、要領のいい人はみんな性格が悪いかというと、そうでもありません。できる人は、別にひがむ必要がないので、人が考えているほど性格は悪くないはずです。たいていは「あんな要領のいいやつ……」と周りが勝手にひがんで、「あいつは性格が悪い」と決めつけているだけの場合が多いものです。

逆に自分は要領がいいことがわかっているので、ついつい教えてしまう人もいます。要領のいい人は、要領の悪い人に反感をもたれがちですが、要領の悪い人が教えを請いにきたら、意外と心よく教えてくれるのではないかと思います。

例えば、セールスで全然売れないのであれば、売れている人を見て研究する、要領のいい人に相談してみる。どうせコツコツと努力するのなら、これからはそういう努力をしていくべきでしょう。そこで要領がつかめれば、人生もまた大きく変わってくるでしょう。

実直バカの扱い方　リストラ候補No.1の人の治療

実直バカの人は「労多くして成果の少ない」決めつけをよくやっています。その労の多さだけに満足してしまうので、周りの迷惑もかえりみず、本人は正義の味方にでもなったつもりです。

憎めない、いわゆる「いい人」なのですが、やはり結果的には「困った人」になります。愚直であることに美徳を求めているのですから、後述の自分の信念で突き進む「決めつけバカ」と比べて（この手の人は決めつけが当たっていたり、時流に合っていれば成功者になることがある）、運よく成功者になれる確率はかなり低いでしょう。それどころか一番にリストラ対象となるのはこのタイプです。

ですから、彼らと仲良くしていても、大きなメリットはありません。

ついでに言えば、このタイプの人は、頭が固く礼儀にうるさいところがあるので、付き合いは面倒です。適当に機嫌をとってあしらっておくといいでしょう。

気をつけるべきは、相手のペースに巻き込まれて、自分まで要領の悪い仕事をしないことです。

実直バカが上司だった場合

このタイプの人が上司になると、かなりやっかいです。「根性」「努力」を美徳とする形式主義者なので、例えば、上司の自分より部下が先に帰るなどということが許せません。ですから残業に付き合わなければならないのであれば、さっさと仕事を終わらせて、余った時間で自分のやりたいことをパソコンに向かって内緒でするか、大体どのくらいで仕事を終わらすことができるか時間を読んだうえで、それまで適当にサボっておいて、最後に帳尻を合わせるしかないでしょう。

また、このタイプの人は、下の人が上の人に意見することは無礼であり、逆に自分に従順な部下は仕事ができなくても「いい部下」だと考えます。

ですから、よかれと思ってこちらが何を言っても聞く耳をもとうとせず、逆に不機嫌になるばかりで、無駄に終わることも多いのです。下手に刃向かって関係を最悪にするより、面従腹背《めんじゅうふくはい》で適当にあしらっておくほうが利口です。

実直バカが同僚や部下だった場合

「要領」を根気よく教えていくしかありません。まずは自分が見本になることです。

このタイプの人は、もともとは努力型タイプの人が多いので、コツさえつかませれば伸びる人材かもしれません。ただ、押し付けるかたちだと意外と頑固な面も持っているので、反発される可能性はあります。

「少しやり方を変えてみたら？」という言い方が、そういう人にはいいでしょう。

結果が出ないのなら、やり方を変えるしかないということをわからせるのです。

異例の速さで出世した官僚の「上司の扱い方」

大蔵省（現・財務省）で異例の速さで出世したという人と食事をしたときに聞いた話です。彼は自分が見てバカと思えた上司の仕事はまったくやらなかったそうです。

バカな上司といっても相手も東大卒のエリートなのですが、「いつになったらできるんだ」と仕事をせつかれても「いや、参りました。こんな難しい仕事は私にはできません。どうやったらいいのか教えてください」と逃げて、結局は手を触れなかったそうです。

その代わり、「出来のいい上司だ」「いい仕事だ」と自分が思ったら、何を差し置いてもとことん努力すると言っていました。無駄な時間を使わないぶん、やりたい仕事に集中できるし、出来のいい上司にさらに引き上げてもらえるというわけです。

もちろん、本人の多大な努力がありますが、この要領のいい「使いわけ」が、異例の出世のカギだったように私には思えました。普通の会社でここまではできないでしょうが、この要領のよさは参考にすべきでしょう。

自分がそのバカだと感じたら

実直バカの人が救われる点は、自分の要領の悪さにうすうす気がついている場合が多い点です。少なくとも、自分は要領のいい人間だとは思っていないでしょう。

この場合、努力していないのに成果をあげる人が憎らしく見えてしまうのが、一番悪い自覚症状です。つまり「ひがみ」が出てしまうパターンです。

自分の要領の悪さを自覚したら、「たとえ成果が出なくても、努力していればいつかは報われる」という考え方をまず変えましょう。早く直しておかないと、これからの時代は特に社会的に伸びていけないでしょう。気付いたらリストラされていた、ということにもなりかねません。

やり方としては、まず素直になって、要領のいい人から体験を聞いたり、成功者のノウハウ書を読むなどしてみることです。そして、実行に移して試してみることができるようになれば、要領の悪い実直バカから脱却できます。

要領の悪さは、人生のさまざまなところに付きまといます。ただ一般に、本当にどんくさい要領の悪い人でも、ある分野ではとても要領がいいことがあります。

「なぜか恋愛だけは要領がいい」「なぜか上司受けだけはいい」という例がたまにあ

るのです。それらは、勝ちパターンの思い込みと、負けパターンの思い込みがともに激しく作用していることの表れと言えるでしょう。

ですから、得意なことにはさらに要領がよくなり、逆に不得意なことには要領がますます悪くなっていきます。

人間は、ダメなときにはダメな発想しか浮かばなくなるものです。ほかのことでは要領のいい人間が、自分の苦手な分野になると要領が悪くなってしまいます。

私自身にもそういう経験があります。医師国家試験を受けたときの話ですが、私は医学部に進学後、４年間で３回くらいしか授業に出席しないほどのすごい劣等生でした。

あと約半年で国家試験を受けなくてはならないというとき、さすがに焦って内科の２０００ページか３０００ページある教科書を読んで、必死に丸暗記しようとしました。いま思うと、思いきり要領の悪いやり方です。

大学受験生のときには勝ち組だったので要領のいいやり方ができたのに、劣等生になると劣等生の発想しか浮かばなくなってしまうのです。

つまり、何も基礎がないのだから、最初から勉強し直さなくてはいけないと、うっかり殊勝なことを思ってしまったわけです。結局、２カ月かけて懸命に覚えた知識は、国家試験の問題集をやってみるとさっぱり役に立ちませんでした。最終的には友だちに誘われて入った国家試験の過去問の勉強会に救われたのですが、勉強法を変えただけで、みるみるうちに成績は上がっていきました。

私は今でもゴルフなどのスポーツはからきしできませんが、ひょっとしたら要領のいいやり方を身につければうまくなるのかもしれません。でも今のところ「どうせ自分はスポーツがダメだから」と思っているわけです。

このように、1回成功体験を持つと、その分野では要領がよくなります。

その反面、負けているときに限って、やり方を変えようという発想は出てこないものです。ついついどんくさいやり方にハマってしまうのです。

ダメなことにも、うまくいくことにも、絶対に理由があるはずです。自分がどんくさいことにハマっているなと思ったら「今より悪くなることはないだろう」と考えて、別のやり方をどんどん試してみるべきです。

要領のいい人のやり方を要領よく盗めばいいのです。

実直バカのゴタク集

- 俺はまじめにやっているのに報われない
- 俺は要領が悪くて損をしている
- 一生懸命やっているのに周りが認めてくれない

・人を蹴落としてまで出世したいと思わない
・いつか努力は報われる
・一生懸命やった結果だ
・昨日も○○時まで残業だった
・要領ばかり覚えやがって。仕事をなんだと思ってるんだ
・俺のほうが努力しているのに
・人のことは気にせず自分のペースで頑張ろう
・俺の仕事だったのに
・あいつのやり方は汚い、ずるい
・結果なんてどうでもいいんだ
・楽ばっかりしやがって
・あいつとは生き方が違うんだ

ここがポイント 和田式 バカな！ことわざ・熟語の基本用法

Lesson3　バカとハサミは使いよう

語意　切れないハサミでも使いようによっては切ることができるように、バカも使いようによっては役に立つことも

【和田式解釈】

この言葉は、頭のいいビジネスマンになりたい人にとって、欠かせない格言だと思います。バカな相手に頭を悩ませているより、いかにバカを使って要領よく仕事をするかを考えたほうが、数段は頭がいいと言えます。

どんな人でも1つくらいは、いいところがあるものです。また短所だと思い込んでいたことが、見方によっては長所になり得ることもあります。

例えば、人の意見に左右されてばかりいる主体性のない「うのみバカ」も、素直なところを生かして、業務をマニュアル化してあげれば、十分な労働力になったりします。

要は「いかに自分のために、ビジネスに利用できるか」を考えることが、ここで言う「バカとハサミは使いよう」の意味です。

このように書くと、人を利用しているようで非情な気がする、と思う人がいるかもしれませんが、ビジネスとはそういうものなのです。

また、自分の長所がわからなかったために「バカ」になってしまっていた人を上手に利用してあげることで、その人の能力が伸びることもあります。この場合は、彼らにありがたがられることもあります。

ですから、バカの人をビジネスに大いに利用することをおすすめします。

ぜひ、利用されずに、利用する、頭のいいビジネスマンになってください。

第3章

うのみバカ

信じるものはバカをみる

右向け右の従順バカ

「うのみバカ」というのは、言葉のとおり外からの情報をそのまま丸飲みして信じてしまう人のことです。

例えばテレビで「この人が犯人です」というニュースが流れたら、まったく疑わずに「そうだ」と思ってしまう。近ごろはこういうタイプの人がモテると誰かに言われれば、そのとおりにファッションを変える。基本的には素直でいいのですが、「情報を疑う能力」が欠如している人です。

学生時代は、多少この能力が欠如していても、それなりにいい成績が取れたりもしますし、「素直な人」という評価で済みます。しかし実社会に出れば、会社のなかでも嘘情報はかなり流れますし、尾ひれのついた人のうわさも飛び交っていますから、いちいち「うのみ」していたのでは、ろくなことになりません。体よく使われてしまったり、さまざまな人の意見に振り回されているうちに、「優柔不断でいい加減」「素直なお人よし」などと思われてしまうことにもなりかねません。

うのみバカの人は、特に「権威に弱い」ところがあります。

偉い人が言っていることは、それこそ素直に信じてしまうのです。

そして、このようなうのみバカは、自分のバカさ加減にあまり気付いていません。なぜかというと、周りからはストレートにあまり悪い評価は受けませんし、とりあえず何でもうのみにしていることによって、それなりの成功体験ができることも多いからです。親や教師からかわいがられ、学校の成績もよく、会社では上司の受けもよく、それなりの成果も生んでいるということです。

また、このタイプの人たちは、トレンドにも敏感です。そのため、情報が速かったり、つねに新しいマジョリティ（多数派）にも乗っています。

そのため、実は本人は何も考えていないのですが、周りから見てそれほどバカには見えないのです。

今のようにみんながみんなマスメディアに流されている時代は、うのみばかの人だらけです。

ですから、それほどバカが目立つことはないし、それどころか、時流に乗っているので、場合によっては利口にさえ見えてしまいます。

流されっぱなしの考えなし

うのみバカの一番の問題点は、情報を疑う能力がないことです。

後述する決めつけバカが、自分はこうだと決めつけているため、多様な考えができないのに比べて、うのみバカは周りの決めつけに乗ってしまうので、自分の「コアな考え」がありません。極論を言えば、何も考えていないのです。

このタイプは、フォロワーにはなれますが、リーダーにはなれません。

舛添都知事が大人気だったときは「舛添さん、すごいね！」と支持しますし、バッシングが起こったら、コロッと評価を変えてしまいます。主婦にはこのタイプの人が多いので、ワイドショー文化がずっと続くのでしょう。

これだけインターネットでさまざまな情報が手に入る時代には、判断能力や情報を疑う能力を持っていないと、生きていくうえでいつ足元をすくわれるかわかりません。この十年以上多発している「振り込め詐欺」にしても、多少の疑う力があれば引っかからないはずです。

物事をうのみにしないで、ほかの可能性を考える。ある情報がきたときに、その情報を「いや、そうとは限らない」と、疑ってみることができるかは、意外と重要な能力なのです。

例えば、イスラム国の問題にしても、首をはねることが残酷のように言われていますが、イスラム教の考え方では、それが相手をいちばん苦しめない殺し方だそうです。彼らの考え方では、火あぶりがいちばん相手が苦しむやってはいけない殺し方ということです。ひょっとしたら、空爆のほうがはるかに残酷で許しがたいと、彼らだけでなく、イスラム世界の多くの人間が考えているかもしれません。

少なくとも、多くのイスラム教徒が、イスラム国の蛮行のようなものが報じられても、イスラム国に入ってくるのですから、彼らにとって、そのほうが正義と思えたり、魅力的なことがあるのでしょう。

このように一つの事案をとっても、いろいろなものの見方ができるし、いろいろな可能性が考えられるのです。

ただ、もちろん、これは単にそういう可能性も考えられるという話です。彼らの言い分が正しいといっているわけではありません。わざわざそう断っておくのは、うのみバカの人にこういう話をすると、「お前はイスラム国の肩をもつのか！」という議論になりがちだからです。

情報を疑う能力のない人は、裏を返すと、自分の知らなかった情報や自分が信じている情報と違う情報に対して、無条件に否定的です。だからほかの可能性を相手が指摘しただけで、頭にきてしまうのです。

「こういうものの見方もできるだろう」と言っているのに、意図がまるで伝わらず、違う意見を言う人間を敵視してしまいます。うのみバカの人たちの悪いところは、やはりそのマジョリティの情報に弱いところでしょう。

極端な例ですが、「地球が太陽の周りを回っているのではなく、太陽が地球の周りを回っているかもしれない」と言ったら、ほとんどの相手から、「本当におまえはバカだよな」という返事が返ってくると思います。もちろん、それはそれでいいのですが「では、あなたは今、天動説、地動説を証明できますか？」という問いにはどうでしょうか？　証明する知識を持っていない人が圧倒的多数だと思います。

大多数意見をうのみにして、根拠のない確信を持っている自分こそが「バカの人」と言われても仕方がありません。

これは、何も日本に限ったことではありません。。

古い話になりますが、２００４年にアメリカで行われた大統領選で、東海岸や西海岸など教育レベルの高い州ではジョン・フォーブズ・ケリー氏に票が集まったのに、教育レベルの低いとされる州でブッシュ氏がすべて勝利を収めました。

これらアメリカ中西部の州も、そういう意味では本当にうのみタイプの大衆が多い地域なのですが、ブッシュの「貧富の差を広げる政策」で損をする住民が多いのは、実はこれらの州なのです。

このことからどういうことが言えるかというと、つまり情報の真意を追求しない不勉強が、扱われやすいうのみバカをつくるということです。（トランプ氏の選挙で同じことが言えるかもしれません）

自分はどこ？　の感情迷子

最近は社会全般で見ても、時系列の連続性があまりもてず、それよりは周囲との同調を求めてしまう傾向があります。そのため、昨日まではあるタレントのファンだったのに、今日からは別のタレントのファンになってしまうということが平気で起きます。巨乳ブームの頃は、オッパイ星人とか言っていた人が、スレンダーなタレントたちが人気になってきた途端に「やっぱり桐谷美玲だぜ！」なんてことになるのです。

当然、自分の意見も周りに合わせて、コロコロ変わってしまいます。

会社で意見を求められたときも同じことが起こります。

それは生き方としては、ある意味で要領のいい生き方かもしれません。でも、ある意味ではつまらない人間にとられがちです。話すことはまるで雑誌の切り抜きを読んでいる、どこかで聞いたような話ばかりで、みんなと同じことしかしていないのだから、当然とも言えます。

多くの人が情報を収集するツールを未だにテレビに頼っているせいもあるでしょう。

そのテレビは、言ってはいけないタブーがあまりにも多いメディアで情報をセーブしているため、結局は似たような「無難な意見」に落ち着いてしまいます。そしてみんな同じくテレビの意見に染まってしまいます。

このような「自分」を持っていないうのみバカの人は、人の上には立つことは困難です。

私の印象では、特に若い人の間で「赤信号　みんなで渡れば怖くない」タイプの人が増えてきている気がします。茶髪やガングロの女子高生が街を歩き始めた頃は、すごい時代がきたな、と正直言って思いました。

ところがよく考えたら、実はみんな同じ格好をしているだけです。

つまり、一見すると「最近の若者はとても奇抜なファッションをするね」と思えるものでも、結局みんな同じ格好をしていれば、それはもう個性ではないということです。

本人たちは個性化しているような錯覚に陥っているのでしょうが、変わったことをしているだけで、やはり、これも個性とは呼べません。

1人の勝者か？　99人の負け組か？

うのみバカは、世間では数が多いので目立たないという問題もあります。

いわゆる「不学の大衆」と呼ばれる人たちです。

一つ大きなポイントは、昔はその他大勢に甘んじていても、１億「総」中流だから食べていけました。ところが今は、その他大勢に甘んじると食べていけません。１人の勝ち組と99人の負け組に分かれてしまう時代なのです。

逆に言えば１人の勝ち組にとって、流行を仕掛けてそれが当たれば99人の大衆がうのみをして付いてくるのですから、これほど商売をしやすい時代はありません。

セブン‐イレブン・ジャパン創業者の鈴木敏文さんがいみじくも言っていたのは、昔の流行パターンは富士山型だったのが、最近は茶筒型の傾向になったということです。

どういう意味かというと、昔の流行はみんなが「いいぞ、いいぞ」と言っているうちに流行になっていくので、売り上げのグラフが富士山のような「なだらかな斜線」を描き、頂点のピークがしばらく続き、またなだらかな線を描きながら降りていくパターンです。

対して昨今の流行は、ボンと急に流行が起こってピークに達し、いつのまにかパッと消えてしまうパターンです。仕掛けるのは簡単ですが、引き際を間違えると大損をしてしまい

ブームが“富士山型”から“茶筒型”へと変わってきた

出典／勝美　明　著
『鈴木敏文の「統計心理学」』（プレジデント社）

ます。

流行のパターンがこのような茶筒型になるのは、いかにうのみタイプの人たちがマスコミや企業に操られているかの表れでしょう。私の本のなかでいうシゾフレ人間（20ページ参照）が、どれだけ社会に蔓延しているかということです。

自分のないバカは使い勝手がいい

うのみバカは、コロコロと意見も態度も変わるので、賢い人から見ると本当にバカに見えます。要領の悪い実直バカは根がマジメなので、それはそれで先述したようにかわいがってくれる人もいます。ところが、うのみバカは、上司から見ても個人として評価できる要素があまり見当たらないのです。

勤勉実直の人なら多少要領が悪くても、番頭にしようと思う社長はいると思います。しかし、コロコロと意見を変える人に、そういうポジションを与えようとは思いません。

何でも上司の言うことをうのみにして素直に働くだけであれば、使い勝手のいい歯車と思われるのオチです。つまり「その他大勢」として扱われてしまいます。

ところが本人は、自分はトレンドに乗って上手に世の中を渡り歩いていると思い込んでいます。何も考えずに生きているという実感がないのです。

うのみバカが部下だった場合

うのみバカを部下に抱えてしまった場合は、開き直って指示をマニュアル化するしかありません。そういうわかりやすい見本があったほうが、相手も安心して働けるのです。うのみバカは、まさか自分がバカにされているとは思っていないので、マニュアル化に遠慮する必要はありません。

ちなみに、アメリカの企業はこういう不学な大衆が多いことにすでに気がついているので、人を使うときのマニュアル化がかなり進んでいます。

例えば、マクドナルドやスターバックス店員をみているとよくわかることでしょう。

自分がそのバカだと感じたら

今の時代、情報を多少なりとも疑うだけで「人と違う」ということになります。

前述したイスラム国にしても、「ひょっとしたら、かれれは残酷なのではなく、教義にしたがって優しいやり方で殺しているのかもしれない」という場合、うのみバカたちには「あんな残酷な国の肩をもつなんて」と言われるでしょうが、いわゆる賢い人たちには「こいつは意外におもしろい考え方をする」と認められることすらあります。

当たり前に流布している情報を疑う能力があれば、世間からみるとそれだけで賢く見えてしまう部分があるのです。

そのためには1つの物事について1つの情報で満足しないことです。

インターネットでほかの情報を調べたり、SNSなどで他人のナマの意見を知るのもいいでしょう。インターネットは、情報を調べるより、他人の意見を調べるために使ったほうが、実はおもしろいツールなのです。

そうやっていろいろな情報収集を試してみて、自分の考え方を多様化したり、情報を疑う技術を身につければ「気のきいた人、頭のいい人」にすぐになれます。

これは、頭をよさそうに見せる、また、頭がよくなるための必須条件です。

「世間ではこう言われているけれど、本当はこうじゃないか」というようなことが言えるようになれば、その意見が正しい、正しくないにかかわらず、「一目」置かれるようになります。うのみバカが大多数の今の世の中では、その他大勢ではないと見られるだけで幹部候補生になれることでしょう。

ここがポイント 和田式 バカな！ことわざ・熟語の基本用法

Lesson4　バカにならない

語意　一見、たやすそうに見えるが、無視したり、軽視できない。バカにできないこと。

【和田式解釈】

「バカ律儀」「バカ丁寧」「バカ正直」は、無駄な仕事に情熱を傾ける「実直バカ」を表現するのにピッタリの、３大バカ用語です。

彼らは、「利益をあげる」という仕事本来の意味を見失っています。「仕事は結果ではなく、プロセスこそが大切だ」という考えで、ただ、やみくもに無駄な努力を重ね続けます。いつか、努力が報われる日を願って……。

ところが、報われる日は訪れません。こういうタイプの人にかぎって、なぜか仕事は遅く出来もよくないからです。

彼らは手あかのついた役に立たない「努力の結果」を握りしめて、「自分は要領が悪くてバカを見ている」と自嘲しつつ、こぼします。そして、クオリティの高い仕事を速くあげるエリートたちに、「要領のいいやつめ」と恨みの目を向けます。そのうえ、自分のやり方を改善しようとしない。

「おまえを雇っている給料も、無駄な仕事に使う経費も、バカにならないんだぞ！」きっと、経営者の方も、こう叫びたいのではないでしょうか？

第4章

決めつけバカ

人の話が聞けない残念な人

「再現性」があるかどうか

「決めつけバカ」とは、基本的に原因帰属を非常に単純化しがちな人のことです。

つまり、何かしらの結果があったときに、理由を決めつけで単純に片付けてしまう人ということです。

「決めつけバカ」は、ある人の性格が悪いのを見て、「あの人は東大を出ているから性格が悪いんだ」とか、ユニクロの商品が売れているのは「安いからだ」と単純に考えてしまいます。

原因帰属を単純化するということは、思考がショートカットされて楽になるわけですが、一方でほかの可能性が考えられなくなってしまいます。これでは変化が激しい時代にうまくいかなくなります。

このタイプの人は、仮にモノが売れたという成功体験があったとしても、同じやり方でなければ売れないと思ってしまいます。

ユニクロを例に挙げれば、「安い」から売れるのだ、と理由をそれだけに決めつけているので、売れなくなったときに、さらに値下げするしかなくなります。

もしも安いというだけで売れているわけではなかった場合、「売れなくなったから、また値下げしてるよ」「もっと下がるまで待とう」と消費者に思われ、この対処はかえってマイナスになってしまいます。

頭のいい人はそのときに、ユニクロは安さ以外にも、さまざまな色や種類の服が選べるとか、機能性に優れている、性能がいいなどと、いくつもの原因があると考えることができます。そこから、付け加える要素、省くべきところなどを割り出して、答えを出していくのです。

このように、成功体験を分析し、多角的にものが見られる人は成功します。

成功体験は人間を賢くもするし、バカにもします。

頭のいい人は成功体験を分析し、「なぜ成功したか」ということを考えます。そうすることによって、また新たな成功を生み出すことができます。

成功者はなぜうまくいくのか――。それは「再現性」があるからです。

手前味噌になりますが、例えば私が受験勉強法の本を書いたこと一つをとってもそうです。東大に入ったというだけでは、このような本はつくれません。特別に才能もないのに、どうして現役で東大理Ⅲに入れたのだろうと考え、自分の受験勉強法を分析したからこそ、この手の本を書くことができたわけです。

このように自分の受験勉強方法が総括できている人のほうが、おそらく司法試験などにも受かる確率は高いでしょう。

しかし実際は、「あの人があんなことをしたのは××のせいだ」「これからはこうなるに決まっている」という考え方を持った決めつけバカは、とても多いようです。

バブル期には「土地は上がるに決まっている」と誰もが信じていたし、現在は「この先も景気が悪いだろうから、なるべく商売は縮小しよう」という傾向にあります。

でも、いつの時代も頭のいい成功者は、世の中を見渡し、プラスにもマイナスにもさまざまな可能性を考えて、苦境を乗り越えています。決めつけをすればするほど、いろいろな可能性を考えることができなくなります。

これからの時代は、決めつけの世界で新しい発想もせずに生きていると、パッとしない人生を送ることになりそうです。

決めつけバカには成功者も多い

前述した内容と矛盾しているようですが、決めつけバカのなかには成功する人も少なくありません。このタイプの人には、こうと決めつけると、目標に向かってガンガン走れる人も少なくありませんから、意外と成功することができるのです。

さらに有無を言わさず人を引っ張る力があり、自信に満ちあふれているので、時としてカリスマ性を発揮することさえあります。

ダイエーの中内功さんなどの例をみてもわかるように、成功者の語録というものは、全盛期には神の言葉のように聞こえるものです。この時期に、こういう人たちがどんな決めつけを言っても、「そんな決めつけを言っていいのかな」と反論する人はほとんどいません。逆に「本当だよな」と納得させられます。「人間っていうのはね、利用するものなんだ」と、人生訓のような言葉を聞けば、かっこいいと思ってしまうものです。

ダイエーの中内さんは現場主義、セブン‐イレブンの鈴木敏文さんはデータ主義だとよく言われます。

中内さんは現状をみて、「これはこうじゃないか」とその場でパッと判断する現場主義です。言い換えれば、決めつけタイプの人です。そのやり方でうまくいっている間は、「やっぱり商売の神様だ」と世間はみることになります。

一方の鈴木さんはデータ主義ですから、データを見て「これはこういうふうに変えなきゃいけないな」という分析が判断のなかに入ります。なので、ダメになったときの柔軟性が本来違うのです。

伸びているときのダイエーの勢いは日の出の勢いでした。しかし、逆にセブン‐イレブンという会社はへこまない会社です。

決めつけバカのもう一つの欠点は、ダメになったときに、人間関係においても同じような決めつけを行ってしまう点です。失敗をして、結局、人が去っていってしまったとき、決めつけバカの人はその途端、「みんな敵だ」と思ってしまいます。そのため、余計に人間関係が悪くなってしまうことがあります。

特に今のように景気の悪い時代には、気を付けなければいけません。

「ポジティブな決めつけ」はモテる

決めつけバカのタイプとして、ポジティブな決めつけ、ネガティブな決めつけ、というように分けられます。勝ち組になる決めつけバカの人は、比較的、ポジティブな思い込みが強い人です。負け組になる人は、いわゆるネガティブな思い込みが強かったり、ひがみっぽい人です。

「こいつは浮気をしているに違いない」「部長は俺を嫌っているに違いない」など、「○○は××に違いない」というネガティブな決めつけをすると、やはり人間関係はどんどん悪くなってしまいます。

逆に、「俺は部長に好かれている」とか、ストーカーは別として「この娘は俺に気があるに違いない」というポジティブな決めつけの場合は、自分が生きていくのが楽しいうえに、「人に期待されている」と思うことから頑張って実力以上の力を発揮し、

「ピグマリオン効果」（他者に対する期待・願望が現実になること）も生まれたりします。

ですから、どうせ決めつけタイプであるのなら、ポジティブな決めつけのほうが得なのです。時流に乗れば、前述したように大成功者になる可能性だってあります。

異性との付き合いにしても、「俺は女にもてる」と思い込んでいる人のほうが、男の本人が多少変わり者であったとしても、100人に声をかけたら5人くらいは振り向いてくれるかもしれません。

キムタクみたいないい男でも、1人の女性にも声をかけなければ、向こうから言ってくる女性だけが相手になります。すると「なんでこんな相手と？」と首を傾げたくなるようなカップルが成立したりするわけです。もしかすると、その女性だけがポジティブな決めつけで、アプローチしてきたからかもしれません。

このように「ポジティブな決めつけ」をすることによって、失敗をあまり気にせず跳ね返す力が備わります。このタイプの人は、実は何人もの女性にフラれているのにもかかわらず、「女のほうが悪いのだ」「自分とは合わなかった」と、自分のいいように解釈をして、次々にチャレンジしていきます。そうしていくうちに、その経験と実績から、本当に女性にモテる男になったりするのです。

一方、ネガティブな決めつけの人は、自分からは声をかけず、常に待ちの姿勢なので、異性との出会いも期待できません。そのため、最初はいくらいい男であっても、「自分はモテないんだ」「女性はみんな自分のことを嫌っている」などと思い込むようになり、やがて本当にモテないタイプの男になってしまいがちです。

以前、マスコミを賑わせた女児誘拐殺人事件の小林薫容疑者は、ペニスが小さいという思い込みから、成人女性と付き合えなくなったと報じられています。だとすると、ネガティブな決めつけが引き起こした悲劇かもしれません。

ネガティブな決めつけしか浮かばない人は、自分のその決めつけを紙に書いてみるといいでしょう。その書いたものをチェックして、ほかの可能性がないかを探っていきます。ポジティブな考え方が見つかったら、それをまた紙に書いていくのです。まずは自分のネガティブな決めつけの部分を自覚し、どう直していきたいのか考え、少なくとも1つはほかの可能性を見つけてみることが大切です。

決めつけバカが抱える躁と鬱

決めつけタイプの人のいい面も論じてみましたが、それではポジティブな決めつけバカだったらいいのか、といえばそうとも言い切れません。いいところもあれば悪いところもあるというのが正直なところです。

決めつけが激しい人の大きな欠点は、柔軟性にかけるところにあります。つまり、「つぶし」が効かないのです。

決めつけバカの多くはいわゆる性格が単純な人です。その単純な性格ゆえに、ガンガンと知識を頭のなかに放り込んで、難しい受験に受かってしまう人もいます。事業で実績をあげる人もいるでしょう。

単純であるがゆえに、ある種のテスト的なものや、「こういうふうにやればうまくいく」という勝ちパターンが決まっている世界では、成功者になることがあります。するとと、ますます自分の「決めつけ」が疑えなくなってしまいます。

それでいいこともあるのですが、うまくいかなくなったときにほかの可能性が考えられないと、決めつけ型の人はドカンと落ち込んでしまうことになります。

「決めつけ」は、ある意味で「躁鬱《そううつ》」に似ています。自分がうまくいっているときは「躁」状態になりやすく、実力以上の力を発揮したりもするのですが、これがうまくいかなくなると、極度に落ち込み、なかなか立ち直れない人も出てきます。「ダメじゃないかもしれない」とは思えないのです。決めつけが激しければ激しいほど、へこんだときに立ち直りにくくなってしまいます。

負け組になるような人の決めつけの場合は、周囲から見ていても「そこまで悲観的に考えなくてもいいよ」と声をかけやすいものです。まだ周りが温かく手をさしのべてくれることもあるでしょうし、自分が損な性格だということは、本人も薄々気付いていたりするものです。

ところが、勝っているときの決めつけというのは、周囲の人には非常に押しつけがましく映り、煙たがられがちです。そのためそれが時代に合わなくなると、途端に人間関係もろともガラガラと崩れていく可能性があります。

例えば「俺は女にモテる」と言ってさまざまな女性に手をつけているような、ポジティブな決めつけバカの人は、モテている時期は確かにいいでしょうが、だんだん年を取ってきたら、そうはモテなくなります。どうせモテると思って、浮気や離婚を繰り返しているうちに、気づくと一人ぼっちになっていたというパターンもありうるわけです。

ですから、ポジティブな決めつけをしなさい、というたぐいの本や人生哲学書はとても多いのですが、うのみにするべきではないと私は思います。

やはり、勝っているときでも、いかに多様な考え方ができるかが、最終的に生き残れるかどうかを決めるのだと思います。

自分の殻に閉じこもる決めつけバカ

自分自身を決めつけて、損をしているタイプの決めつけバカの人もいます。さきほども少し触れたいわゆるネガティブ思考の人です。

このタイプの人は「わたしは負け犬だわ」とか、試験の結果が悪いときに「素質がないせいだ」とすぐに決めてしまいます。

そこで決めつけたら、その先はあきらめ以外の何もありません。やり方が悪いだけかもしれないし、努力が足りないだけかもしれない、と考えられないのです。

これは心理学的に解釈すると、基本的に原因帰属の単純化や、二分割思考（白か黒かはっきり分けて間の「グレー」を考えない思考パターン）などが絡むものです。彼らの答えには、白か黒か、どちらかしか選択の余地はありません。

もちろん、多少は決めつけがないと不便なこともあります。ですが、少なくとも重要な決定の際は、そのときどきに合わせて「決めつけから、柔軟になれるか」ということが重要になってくるのです。

一般的に頭がいいとされている人でも、「1足す1は2」に決まっている、という世界で生きてきたような「勉強のできる人」たちは、自分の習ったことが疑えなかったりします。しかし、本当にそれは正しいのでしょうか？

例えば、30年前の世界地図と今の世界地図は完全に違います。私たちの世代では、北朝鮮は「地上の楽園」というふうに教わったものです。地上の楽園とまではいかないにしても、韓国と比べて非常に工業化が進んでいて民主主義的だというふうに学校で習っていました。このように、学校で習ったことでも、いまでは疑わなくてはいけないことがたくさんあるのです。

決めつけバカの人は、北朝鮮のことにしても、独裁者と北朝鮮の人民とをゴッチャにして考えてしまうので、金正日や金正恩が憎たらしかったら、その国の子どもが飢えていてもまったく平気だ、というメチャクチャな結論を出しかねません。

やっかいなのは、このように、周りの意見にまったく耳を傾けようとしないことです。さらに自分の決めつけに凝り固まろうとします。

例えば本来ならば右翼の人こそ『世界』や『中央公論』などの「左系」雑誌を読むべきだし、左翼の人は『正論』なり『ＷｉＬＬ』なりを、どんなに不愉快でも読むべきだと思います。敵の意見を知らなければ戦えないし、敵とも判断できないはずだからです。ところが一般的に行われているのは、自分の意見に近い情報や仲間を集め、より自分の決めつけを確固としたものにしていくような行為です。つまり、右の人は右の雑誌しか読まないし、左の人は左の雑誌しか読まないのです。

最近の傾向を見ると、意見が少数派の人たちは、それなりに妥協点を探っているようです。つまり、左翼の人のほうが多少柔軟になって、北朝鮮問題でも、少なくともあそこがいい国だと言う人はいないようです。

逆に味方が多く勝っているときほど、決めつけというものは、よけいに激しくエスカレートし、盲目になっていくようです。最近の右翼の人の主張は、それなりに正しい点も少なくないのですが、ちょっと行きすぎが多い気がします。

自覚しづらい決めつけバカ

さらに決めつけバカのやっかいなところは、「自分が決めつけていること」に気づいていないことです。つまり、自分が人に迷惑をかけていても、煙たがられていても、本人はまるで気づいていないということです。

前述のようにこのタイプの人の中には、こうと決めたらガンガンいく馬力型の人もいるので、成功者である場合があります。こうなると、決めつけを指摘してくれる人は皆無に近い状態です。複雑な社会ではなかった時代、特に高度成長期時代では、まさにこのタイプの人こそ力のあるリーダーとされていました。

しかし今のように、多様な考え方をしていかなければ生き残れない時代には、「名参謀」がいる人が強いと言えます。本田宗一郎さんがいれば名参謀の藤沢武夫さんがいるというように、「おまえ、それは決めつけだよ」「ほかの可能性も考えられるんじゃないか」と言ってくれる人がいることです。

自分のアイデアは、本人から見ればどうしても一番よいアイデアに見えてしまうものです。そこを検討してくれる人が周囲にいるか、いないかで、決めつけバカの人の運命は大きく変わってきます。

いずれにしても、決めつけタイプの人というのは、自覚が薄いぶん、本当に腹を割って話せる親友を持っていないと、長期的な成功を収めにくい部分があります。

決めつけバカの場合、自己チェックをするのはなかなか難しいのですが、自分の出した決断や行動をそのつど振り返ってみて、自分は一つのパターンにハマっていないか、決めつけた考え方をしていないか、と自問自答していく努力が必要です。

また、自分が出した答に、ほかの可能性はないのか、常に考える習慣を付けていくといいでしょう。

精神医学的「決めつけバカ」度チェックリスト

3つ以上、思い当たる場合は「決めつけバカ」の要素が強いと言えるでしょう。

□ ①何かについてすぐ一つの結論を出しがちだ

□②「こうでなければならない」と思い込むことがある
□③一つのことに没頭すると、ほかに目がいかなくなる
□④「何々は何々である」「AならばB」というパターンにはまりやすい
□⑤「この人はこんなタイプの人間だ」と人を第一印象で判断しがちだ
□⑥味方でなければ敵だと思ってしまう

決めつけバカの心は「逆撫でしない」にかぎる

決めつけの激しい人は、人間関係であれ性格であれ、自分の勝手な決めつけを相手に押し付けがちです。そういう人と付き合うと、自分が「こんな人間だ」と決めつけられて、その前提で付き合わされてしまうことになります。

例えば、「おまえ、血液型は何型？」と聞かれて、「A型だよ」と答えたとします。すると、決めつけバカは何でもかんでも、そのデータに当てはめてその人を判断しようとします。待ち合わせの時間ピッタリに行けば、「そうだよな、おまえって典型的なA型だな」と言い、遅刻をすれば、「おまえ、A型のくせに時間に遅れるなんてひどいじゃないか」ということになります。彼らにとっては、相手の本当の性格より

も、自分が判断した性格のほうが正しい基準になるようです。

また、決めつけバカは、相手が敵か味方かをはっきりさせたがります。相手がちょっとでもしっぽを振ってくると「おまえは味方だ」と判断して、かわいがったりする反面、相手と少しでも意見が食い違うと「おまえは、いつから敵になったんだ？」と言い出したりすることもあります。

世の中には白と黒しかないわけではなく、グレーが一番多いのです。いつでも味方というようなベタベタの恋人のような存在は、まずあり得ません。しかし、決めつけバカの人には、そのことがあまりよくわかっていません。

また、決めつけの激しい人は、いいときはいいけれど、ちょっと気に入らないと急に敵視される可能性があります。ですから、人間関係には相当気をつけておく必要があります。

決めつけバカの人と付き合うには、まずその人の話を注意深く聞くことです。そうすれば、これらの人の思考パターンは非常に単純なので、問題の原因をこういうふうに決めつけているなとか、自分のことをこういう人間だと思っているな、ということがおのずと見えてくるはずです。

まずは相手の心中を把握し、あとはその部分を逆撫でしないように扱っていけばいいのです。

決めつけバカが上司だった場合

上司に決めつけバカを持った場合、決めつけられている間は、実はとても楽なのです。もちろん、いいほうに決めつけられている場合に限りますが、いいやつだ、かわいい子分だと思われているうちは、ある程度のことは甘くみてくれます。

ですから、できるだけその幻想を維持しておくことが大切です。自分はその範疇で好きなことをしていればいいのです。

ただ、常に機嫌を損ねていないか、チェックをしておく必要があります。そうしないと、いつのまにか自分に対する決めつけが、まったく逆の決めつけに変化していることもあるからです。

例えば、このタイプの上司は、うっかり反論や批判をしてしまった途端に、「おまえはいつから向こうの派閥についたんだ」と言い出しかねません。

もしも、そうなってしまったら「いえ、そうではなく、やはり部長のためにはこちらのほうがいいかと思いまして、ついつい思いつきで言ってしまったんです」というように、フォローをしつつ、常に自分は味方であることをアピールする必要があります。

決めつけバカはたいてい単純なので、「おお、やっぱりおまえは味方だ」という展開になることが多いでしょう。

決めつけバカが部下だった場合

決めつけバカと付き合うには、方法は２つしかありません。決めつけに乗っかるか、その人にほかの可能性も考えられるように仕向けてあげるかです。

今あなたが抱えているのが部下であり、多少なりとその成長を期待するならば、当然、後者の方法で、根気よく考え方を訓練していかなければいけません。

決めつけバカが恋人だった場合

決めつけの激しい異性と付き合っていると、あとあと面倒くさいことになる可能性があります。型にはめられてしまうし、「こうでなきゃいけない」と考えを押し付けられ、そのうえちょっとしたことでむくれられて、さらには急に「いつからおまえは……」と、言い出したりすることもあります。

もし仮に、その人とちゃんとまじめに将来的にも付き合うつもりであれば、「こういうことだってあるでしょう?」と言うように、その人の気を悪くさせずに、ほかの可能性も考えられるように仕向けていけるかが、とても大切になります。

決めつけバカの対極になってみよう

決めつけバカの対極にいる「頭のいい人」は、決めつけではなく、ある一つの問題に対していくつもの答えを用意できる人です。

逆に、決めつけが激しい人の一番の苦手とするところが、この「柔軟性」です。

つまり、吉野家がなんではやるのか、ユニクロがなんで売れるのか。あいつはなんで成績がいいのか、そういう答えを一つではなくいくつも出せる人が、頭のいい人です。いい答えをパッと一つ出せる人が、頭がいいわけではありません。

話は飛びますが、うつ病になると、「もう俺はだめだ」とか「これから一生いいことはない」というネガティブ思考ばかりが浮かび、ほかの可能性が考えられなくなります。そういう患者さんに、「プラス思考もしてみては?」と言うと、「そんなうつのときにプラス思考なんかできないよ」「あなたは私の状況がわからないから、そんなのんきなことを言うのだ」というような答えが、ほとんどの患者さんから返ってきます。でも、私は何もプラス思考をしなさいと言っているわけではなく、プラス思考『も』したほうがいいと言っているのです。

突き詰めれば「将来の可能性は一つ」と決めつけるな、ということです。

つまり、原因帰属であっても、先の見通しであっても、柔軟な考え方をしようと思ったら、さまざまな可能性を考えようと試みることです。

決めつけの対極は、柔軟な思考であると言われます。では、「北朝鮮は悪い国だ」というのは決めつけで、「北朝鮮はいい国だ」と思うのが柔軟な思考かと言えば、そんなことはありません。「いいところもあれば悪いところもある」という考え方ができればいいのです。いいところを探すのが難しい北朝鮮のような国のいいところを探すのは、かなり思考のトレーニングになることでしょう。

さらにもう少し掘り下げて、少なくともここの部分は悪くて、ここの部分はよい、ここの部分は……というように、さまざまな側面から自分の考えが持てるようになるといいと思います。

このように一つの事柄にはいろいろな側面があるのです。

一番大切なことは、「ほかの可能性『も』考えられる」かどうかです。

シミュレーションするクセをつけて柔軟性を鍛える

柔軟な思考力をつけるために、仕事の場面で将来予測をシミュレーションしてみるとよいでしょう。

例えば、このまま売り上げが落ちていけば、うちの会社はつぶれる、と仮定するとします。そのときに、「いや、ここでこうやってコストを削減すれば生き残れるかもしれない」とか「ここの部分では売り上げに期待できそうだ」というように、いくつもの可能性についてシミュレーションする習慣をつけていきます。

そうすることによって、多角的にものを見ることができるようになり、柔軟な発想が引き出せるようになっていきます。

何度も言うようですが、柔軟な発想というのは、あるアイデアが急にグッド・アイデアに変わるということではありません。

「社長、これからはもっと柔軟なアイデアでいきましょう」といくら口で言っても、「これからはこれでいきましょう」と、別の一つの意見を押し付けたのでは、これも決めつけになってしまいます。

そうではなくて、たくさんの意見を精査しながらそれを参考にし、１人の人間が優れたアイデアが出せる「場」を持てることが大切なのです。「じゃあ、この可能性とこの可能性があるから、一つずつ試していこうか」という考え方が柔軟な発想です。そして、どんな若い人や、これまでパッとしなかった人の意見でも尊重してみることです。

決めつけの対極とは、柔軟な思考であり、多様な考え方なのです。

ここがポイント　和田式 バカな！ことわざ・熟語の基本用法

Lesson5　バカにつける薬はない

語意　バカを治す方法はない。バカ者は教え導く方法がない。

【和田式解釈】

そう言われては身も蓋もありませんが、いつかは何とかなるだろうと思って、いつまでもバカにかかわっていると、自分までバカになってしまいます。「こいつはダメだ」と感じたら、さっさと見切りをつける決断力も大切です。相手が上司であっても、面従腹背で適当にあしらって陰で舌を出していればいいのです。

また、一番やっかいなのは、自分が「バカ」だという場合です。この場合、まさか自分に見切りをつけるわけにはいきません。

「バカ」につける薬はただ1つ。それは「自覚」です。

常に自分の言動、行動を振り返ってチェックするクセを付けてください。

「バカ」な部分を発見しても、「自覚」さえできていれば、治す手段はいくらでもあるのです。

本書に書いてあるどのタイプの「バカ」であるかがわかれば、自己改革のヒントになると手前味噌ながら思っています。

ここがポイント 和田式 バカな！ことわざ・熟語の基本用法

Lesson6　バカバカしい

語意
①いたってバカらしいこと。
②度を越していることはなはだしい。

【和田式解釈】

バカを相手にするほど、バカバカしいことはありません。

例えば、何を言ってものれんに腕押しの、やる気も生気も感じられない「ふぬけバカ」を相手にするとき。

さらに例えば、期日のすぎた出来の悪い仕事を、汗水流してコツコツとやっている「実直バカ」を相手にしなくてはいけないとき。

こちらがどんなに誠意を持って接しても、相手に話が伝わらないのですから、頭にくるのを越して悲しくなります。人間、本当にバカバカしくなると体の力が抜けるものです。毎日、バカの部下を相手にしなくてはいけない上司の人には深く同情します。こういう際に、相手がバカだから仕方がないと見切ることができれば、多少は気分が楽になることでしょう。

しかし、あまり「バカバカしい」とばかり言って、人の話を聞かない人も困りものです。そういう人は、いつのまにか「裸の王様」のようになって、陰でバカにされるようになってしまいます。

バカの人の話でも、たまにいいことがあると思える謙虚さも必要です。

第5章

はだかのバカ

うぬぼれ・開き直り・裸の王様タイプ

現代の「頭のいい条件」とは？

現代の認知心理学では、人間の頭のよさを規定する一番大きな要素は、「メタ認知」が働くかどうかではないかという学説がトレンドになっています。

メタ認知の「メタ」は「超」とか「高次」の意味合いを持つ接頭語で、物事をある程度高い位置から見て、それについて語るようなときに使います。

転じてメタ認知とは、「自分のことをどれくらい、俯瞰《ふかん》的に理解しようとする」というような態度を示す語になっています。自分の認知パターンをどれだけ知っているか――。それに加えて、自分の認知パターンをきちんとモニターしているかということです。

例えば、自分の得意、不得意や、「自分は割と感情に流されやすい」などの短所、または長所がわかっている。なにか仕事を頼まれたときに、今の自分の能力でそれを引き受けることができるのか判断できる、などのことです。

こういうことは、自分の推論や認知パターンがわかっているからできるのです。「あの人は自分がよくわかっている」と言われる人は、一般的にメタ認知がよく働いていると言えます。

逆に、このようなことが把握できていない人は、メタ認知が働いていない人です。自分の性格や自分の置かれている状況、自分の持っている能力などがあまりわかっていません。

自分を知らずにうぬぼれている人や大言壮語している人、いつもできないようなことを引き受けたり、無茶をやるような人がこのタイプです。

また、「自分がよくわかっている」という人のなかでも、メタ認知という点から考えると悪いパターンが1つあります。それは、「俺はどうせ頭が悪いから」「俺はどうせ怒りっぽい人間だから」などと言って、自分のことはよくわかっているけれど、まったく自己改造をしようとしないタイプの人たちです。ここでは、このタイプの人も含めて、「はだかのバカ」と呼びます。

自分の認知パターンをどのくらいモニターできているかの能力は、どれだけ自己改造できるかの能力にも通じています。メタ認知が働く頭のいい人は、「今のやり方でいいのだろうか」「自分はどう動くべきだろうか」といったことを、常に周りの状況と照らし合わせてモニターし、自分を順応させていきます。

そのため、できないことは断るという判断も含めて、仕事も速く、妥当な判断ができて、物事がスムーズに進むのです。

自分のうぬぼれ、開き直り、裸の王様状態に気づかない

メタ認知が働いていないためにバカと考えられる人たちは、大きく3つのタイプに分かれます。

1つ目は、自分の性格や自分の既存の知識そのものが、よくわかっていない「うぬぼれタイプ」。

自分を知らないがゆえにうぬぼれて、モテないのにモテたつもりになって女性に声をかけまくる、できもしない仕事を考えなしに引き受ける、大きなことばかり言う、といったことをしてしまう人たちで、猪突猛進型タイプとも言えるでしょう。

このタイプには、自分の長所がわかっていないために、自分の能力を過小評価して能力が発揮できないような人や、あるいは自分の能力を無視して、完全主義や満点主義にはまってしまっている人など、いろいろなタイプの人が含まれるのですが、ここではとくに「うぬぼれタイプ」をとりあげます。

2つ目は、自分のことはよくわかっているのですが、「性格なんて変えられないんだから」「俺はどうせバカだから」などと言って、そのまま何もしない「開き直りタイプ」。これは、メタ認知的に自分をみることができても、メタ認知的な活動ができ

ないタイプです。

そして3つ目は、自分のこれまでの既存の知識や考え方で、何でもやろうとする「裸の王様タイプ」です。この人も、自分の認知パターンや能力特性がわかっていないわけではないのですが、過去の成功体験などを引きずっているために、それが現在の社会でどの程度通用するのかなどを客観的に判断できていないのです。

ところで、「うぬぼれタイプ」のメタ認知の働いていない人が、成功してしまうことも、ときにはあります。身のほどを知らないがために、運よくうまくいってしまうケースです。例えば、お金もなく仕事もできずルックスも悪いどうしようもない男が、すごい美女に声をかけたら、その美女があまりにも高嶺《たかね》の花で、ほかの男性から声をかけてもらえなかったためにその男と付き合ってしまう、などというケースです。「蓼《たで》食う虫も好き好き」ですから、こういうことも稀にあるわけです。

ただしビジネスでは、そううまくいきません。

いくら大きなことを言ってみても実力が伴わなければ、「あの能力で……」となって、最終的にはバカにされて、適当にあしらわれるのがオチでしょう。

無鉄砲な人が、ほかの人間が尻込みしてできないことをやる意味では、なまじっかメタ認知など働かないほうがいいシチュエーションもないとは言えません。しかし、一般論から言えば、そういう人は自分の能力の範囲内の仕事はできますが、能力以上のことができるようにはならないので、一度くらいはまぐれで成功しても、やはり変化に付いていくのは難しいでしょう。つまり新しい課題を出されるとすぐにダメになってしまうのです。変化の速い時代ほど「バカ」になってしまいます。

次に「開き直りタイプ」のメタ認知的なコントロールができない人は、自分の欠点を認識しても、そこで自己改造をしようとしません。

例えば、苦手なものがあるのだったら克服していこうとか、長所を伸ばしていこうとか、メタ認知に基づいて計画修正することができないというパターンです。「自分はこんな人間だ」とわかっているのに、自分を変えようとしない、このタイプの人は意外に多いのです。「俺は気が弱いところがあって、いつも損している」と言う人はたくさんいますが、ではもう少し思い切って声をかけてみようとか、言いたいことを言ってみるとか、そうした努力をする人は少ないようです。

さきほどのうぬぼれタイプとは逆に、自分を変えることに尻ごみをして結局あきらめてしまうのです。「俺はこんな人間だ」ということがわかっているのに、自分を変えられないのでは、やはり「バカ」と言われても仕方ありません。

3つ目の「裸の王様」タイプですが、「昔はあの人も賢い人だったのにね」「あの人、東大卒なのにね」という言われ方をするような人のことです。こういう人はメタ認知が働いていないために、時代の流れに付いていけていないのです。そのため、過去の栄光のまま自己の進歩が止まってしまいます。

このタイプの人は、自分が偉くなってしまったがために、地位に縛られたり「俺は偉い人なんだ」「賢いんだ」というプライドから自分を顧みようとしません。時代に取り残されたことに自分だけが気付かない「裸の王様タイプ」です。

偉くなればなるほど自己陶酔してしまい、地位に甘んじて古い知識をひけらかし、向上しようとしません。「はだかのバカ」は、大学教授のようにその地位だけで、人が賢いと思ってしまう職業の人に多いのですが、特に日本の場合は、教授にしても医者にしても、一度なってしまうと、定年まで身分が保証されて辞めさせられることがないので、ますますそういう人になりやすくなっています。

自分を知るだけでは頭がいいとは言えない

ここで、もう一度メタ認知についておさらいをしましょう。メタ認知について、ちょっと知っている人は「自分をよく知っている」という意味だけでとることが多いのですが、厳密にいえばメタ認知には2つの種類があります。

1つは「メタ認知的知識」、もう1つは「メタ認知的活動」というものです。

「メタ認知的知識」というのは、いわゆる「自分をどれだけ知っているか」というその知識です。つまり、自分の長所や短所、「自分は頭が固くて、発想に柔軟性がない」「記憶は苦手だが、論理的思考は得意」といった自己の思考パターンなど、自分をよくモニターした結果で得た、自己分析データのようなものです。

ですが、こうした知識があるだけでは、真に賢明な人間とはいえないというのが、最近の認知心理学のメタ認知に対する考え方です。

つまり、自分のことがよくわかっているのだったら、それについての対処がきちんとできてこそ、メタ認知能力がよく働いていると言えるのではないか、ということです。

「俺、こんな仕事を引き受けたってできないよ」とわかっているのに、引き受けてしまう。「俺はあんまりリーダー向きじゃない」とわかっているのに、管理職を与えられるとついやってしまう。ありがちなことですが、こういうマヌケなことをやってしまうのでは、メタ認知能力がちゃんと働いているとは言えません。

これに対して、自己分析できたうえで、そのパターンにはまっていないかを自己モニターしたり、それを改善していこうとする態度（あるいは、できないことを素直にできないと認めて辞退する態度）のことを「メタ認知的活動」と言います。

メタ認知においての重要性は、実は「メタ認知的知識」より、こちらのほうが高いのではないかと言われています。

さらにメタ認知的活動は、「メタ認知的モニタリング」と「メタ認知的コントロール」に分けることができます。

「メタ認知的モニタリング」は、メタ認知的な知識をもとにして、自分が今、自分の認知パターンの悪い癖に当てはまっていないか（例えば、悲観的にものを考えすぎる、など）をチェックしたり、自分の知識が今の状況に対応できるかなどを判断する能力のことです。

「メタ認知的コントロール」は、そのモニタリングをした結果、感情や行動をコントロールしたり、さらに勉強するなど知識や推論のパターンを変えていく能力のことです。

例えば「俺はカッとなりやすくて短絡的な判断をする」というメタ認知的知識をもっていて、今「あいつとは絶交する」と判断した場合、「これは、カッとなったうえでの判断ではないか」とモニタリングし、さらに、その改善の方法として、「もう少し冷静になってから、明日以降に結論を出そう」という具合に、自分の認知パターンをコントロールする活動のことです。

メタ認知は、自分を知っているという「メタ認知的知識」だけでなく、「メタ認知的活動」のほうもできてこそ、「メタ認知」が有効に働いていると言えるのです。

昨日と明日が変わる時代に対応できるか

メタ認知がなぜ大切かというと、この能力があれば今のように変化が激しい時代にでも順応していくことができるからです。

これからの時代を賢く生きるには、自己改造能力を身につけることです。

メタ認知が働く人は、今の知識が古いものになっていないか、これまでの成功体験に縛られすぎていないか、ということを自己分析することができます。

そして、もしそうであるなら、自己を改造しようとします。そのため時代の流れに乗って、スマートに対応できるのです。

昔からメタ認知が働かない人はかなり多くいたと思います。しかし、昔は学歴が高ければ、それだけで尊重されていたし、また、上層部から言われたことをやっていれば社会的には生き延びていけたので、あまり問題はありませんでした。メタ認知が働かなくても、昨日できた仕事が今日もできれば、それでよかったのです。

ところが今の時代は、昨日と今日の仕事が変わるかもしれないご時世です。会社の事業がコロッと変わってしまうことも、往々にして起こるのです。

日立造船は船を作ることをやめて、環境プラントをメインにする会社になってしまいました。ジャック・ウェルチによるリストラで成功したといわれたGE（General Electric Company）にしても、もともとは電機の総合会社だったものが、今は金融業のほうがはるかに売り上げを稼いでいるわけです。

そういう時代背景では、ある日突然、今までやっていた仕事と、まったく違う仕事を言い渡されることも往々にしてあります。ですから、今のような変化の速い時代ほど「自分」をよくわかっている必要があるのです。

自分がその仕事に合っていなかった場合、どうすればいいのか。臨機応変に素早い対応ができる人こそ、社会でうまく生き残れます。

メタ認知は「自己改造能力」とセットになっていなくてはいけません。自分が今の仕事に向いていないからといって開き直ったり、ふて腐れてしまっては、時代に置いていかれるばかりです。

昔の日本は終身雇用だったので「俺はこんな人間だ」と開き直っていても、クビになることはありませんでした。「こいつの押しの強さに合わせて営業職でもやらせておこうか」などと、何かしらのポジションを与えられたものです。

しかし、終身雇用という考え方の枠が外された今の時代は、このような開き直りタイプは、「古いタイプの営業は要らない」と簡単にクビにされてしまいます。

ネガティブな「はだかのバカ」

メタ認知が働かない大きな理由の一つとして「自分のことを知りたくない」という人もいます。

「自分には確かにそういう気が弱いところがある」「カッとなりやすい」「だけどおまえに言われたくはない」というパターンです。

要するに、自分の欠点がなかなか受け入れられない人です。

こういう人は、せっかくの人からのアドバイスも素直に受け取ることができません。「もうおまえの知識は古くなっているよ」などと言われると、頭にきてしまうのです。そして最終的には、ふて腐れて開き直ってしまいます。

さらに「俺はどうせ古い人間だから」という、開き直りタイプのなかには、その欠点を直したくないと思っている人もいます。

例えば、自己愛が満たされていない人のパターンです。このタイプの人は、人から何か指摘されると、ふて腐れたり、すねたりしがちです。しかし、その裏には「欠点のある自分を受け入れてほしい」という欲求が隠れているのです。

異性との関係であれば、それもまだ許されるでしょう。その欲求を受け入れてくれる女性が現れれば恋愛は成立します。でも、同じことを会社の人間に求めるのは考えものです。自分がバカに見られるだけですし、周りの人もいい迷惑です。

もう一つ、メタ認知が働かなくなる理由に、あまり積極的に自分のことを知ろうとしないことがあります。

「俺ってなんでこんなに××なんだろう」と思っても、それを運命や性格のせいにしていることが多いからです。「自分のことがわかってどうなる」と思っていれば、わかろうという努力もしないでしょう。もちろん、こういう人は自分を変えようという意欲もありません。「わかってどうなるの?」「性格なんて変えられないし」という考えに落ち着きます。そして、「勉強したって、そんなに頭が良くなるわけでもないし」というあきらめ感や「このやり方でうまくいっているのに、どこが悪いんだ」という開き直りにつながります。上司であれば、「こういう性格の俺について来ないほうが悪い」といったワンマンな仕事のやり方に表れるでしょう。

特に傲慢《ごうまん》な開き直りは、知的な能力にとても自信のある人が陥りがちです。

元東京都知事の石原慎太郎氏のような人を見ても（彼の能力について文句を言うつもりはありませんが）、彼が自分の能力であれ、性格であれ、変える気がないことは十分推定されます。年齢的な問題もあるでしょうが、やはり認知心理学の立場からすると、ちょっと問題があるのです。

もう1つ、メタ認知がうまく働かない人の特徴として挙げられるのは、小さな欠点と大きな欠点の区別がつかないことです。目先の小さな欠点ばかりに目がいって、大きな欠点が目に入らない、という問題がよく起こります。

例えば、赤面恐怖や対人恐怖の人のなかには、顔が赤いことばかりを気にして、それさえ治せば人づき合いはすべてうまくいくはずだと思い込んでいる人がよくいます。しかし、人づき合いがうまくできないのは、顔が赤いせいだけではありません。それ以前に、話の内容が暗かったり、考え方が後ろ向きだったりと、対人関係がうまくいかない根本的な原因がある場合が多いのです。

ですから、仮に顔が赤くなるのが治ったとしても、しゃべり方や気持ちの持ち方などいろいろな部分を治さなくては、結果的に人には好かれないことが多いのです。「顔が赤いことを治す」よりも「しゃべる内容を変えたほうがいい」と思えることが本来的なメタ認知です。

整形して顔がきれいになりさえすれば、モテるようになると思っている女性も結構いるかもしれません。しかし整形して美人になったところで結局ブスだった時代の暗い性格やひがみっぽい性格を変えなくては、モテるようにならないものです。

このようにひと言で欠点といっても、小さな欠点と大きな欠点、決定的な欠点とそうではない欠点があります。普通の人でもそのくらいの見分けはつくと思いますが、メタ認知の働く賢い人であれば、欠点の一番の問題点がどこにあるのかを見極めて、改善していくことができるのです。

イチローの原動力、ポジティブな自己コントロール法

「メタ認知的知識」や「メタ認知的モニタリング」で、自分の欠点や長所がわかったとき「メタ認知的コントロール」の方向性としては２つあります。

１つは、欠点を直していこうとすること。もう１つは、長所を伸ばしていく、または長所を人に対し目立たせようとすることです。

世間一般的に、メタ認知的コントロールは、「欠点を直す」方向に働きがちです。ですから、メタ認知的なものの見方をする際にも、自分の欠点を気に留めたり、自分にまつわるネガティブなコメントをとても気にする人が多いと思います。

しかし、実は他人からのポジティブなコメントを拾って伸ばしていこうとする人は、メタ認知のなかでもさらにレベルの高いものと言えるのです。自己アピールの必要性が高まっているこれからの時代は特に、長所を伸ばし、他人に長所を見せるようにしたほうが、むしろ頭がよく見えたり、使える人間に見えたりします。

メジャーリーグで活躍しているイチロー選手も、メタ認知をポジティブに活用して

大成功した例です。

今はなきオリックス・ブルーウェイブに彼が在籍していた当時、彼の「振り子打法」は、ボロクソに言われていたそうです。そのなかでイチローは、あるバッティングコーチだけが「おお、おもしろい打ち方だね」と褒めてくれたその意見を拾って、振り子打法をやめなかったと言われています。それをさらに仰木監督に認められて、今の「世界のイチロー」があるのです。

イチローとまではいきませんが、自己モニタリングをして自分の長所を見つけたら、それに気づいてもらえるように、人との接し方やしゃべり方を少し変えてみたり、データ整理の仕方を変えてみるなど、自分を賢く見せる方法はいくらでもあります。自分の長所が人に十分アピールする長所と思えない場合は、人にアドバイスを求めたり、ノウハウ本などを買って参考にするのもいいでしょう。それもメタ認知的な手段の1つです。

メタ認知的なコントロールは、実はハイレベルな能力で、自分のことがわかったときに、それに対してどうするかということを考える態度でもあります。

自分の能力だけでは足りないと思ったとき、人に助けを求めるのは、むしろメタ認知がよく働いているということなのです。

服装や髪型など外見で自分のイメージをつくることや、面接力や転職力というものは、すべて自分を売るためのセールスととらえられます。リクルート社では、「自分のことを売れない人間にモノが売れるわけがない」と、よく言われるそうです。

つまり、転職や面接が下手な人にモノなど売れるわけがない、ということです。

私もこれには同感です。また、昔は「能ある鷹は爪を隠す」と言ったものですが、今は賢く見せる能力がある人のほうが出世するわけです。

話は変わりますが、模擬試験などもみんな点数だけを気にしがちですが、ポジティブな見方をすれば、実はメタ認知のヒントだらけなのです。

せっかく「あなたはこういうミスが多い」というデータが目の前にあるのに、そのメタ認知的アドバイスを一切無視して、偏差値や合格可能性ばかりを気にして落ち込んだり、ふて腐れたりしている人は多いのではないでしょうか？

それでは今後の勉強の計画は立ちません。逆に模擬試験の採点者のコメントをヒントにする人は、成績がどんどん伸びていきます。例えば、このケースでは、ミスを減らすにはどうすればよいかを考えれば済むことです。

このような指摘は、自分にとってのメタ認知的なアドバイスなのですから、欠点を指摘されたらそこを直す、そこを見せないようにする、もしくは長所を伸ばして、欠点の目立つ仕事はできるだけやらないようにすることです。

直せそうな欠点は直せばいいし、直せないのであれば、いつまでもそれに縛られているのではなく、それを補うにあまりあるように長所を伸ばしていくなど、別のやり方を考えるべきです。メタ認知が働いて、メタ認知的コントロールのできる人というのは、生き方にかんして選択肢を持っているということでもあるのです。

「はだかのバカ」の扱い方　我を知らない裸の王様・開き直りタイプの治療

メタ認知がまったく働いていない人と付き合うと、疲れてしまいます。

特にこのタイプの人を、奥さんにしてしまうと最悪です。ちょっと欠点を指摘すると、ブーッとすぐにふくれてしまうので、家のなかでも気を使い続けなければならず、気が休まることがありません。もちろん、こういうタイプの人は、男性にもけっこういます。

例えば、上司に「お前、ここを直したらすごくいいぞ」と言われた途端に、ブーッとふくれてしまう人がいます。取りようによっては褒め言葉ともとれるのに、このタイプの人はそれに気付かず、中傷や批判としかとれないのです。指摘は欠点を直すためのアドバイスであることも理解できません。

メタ認知が働いていない「はだかのバカ」と付き合うには、相手をよく観察しておくことです。結果論から言うと、メタ認知が働いていない人というのは、感情に振り回されやすいことと表裏一体です。こちらがメタ認知をきかせて、相手の機嫌をそこねて面倒にならないよう回避する必要があります。

「はだかのバカ」が上司だった場合

日本の場合は、特に偉い人に対して欠点を指摘しないという「文化」があります。ですから、地位が上がるほど、「裸の王様」になってしまうことがあります。勇気を持って進言してあげることで、時にはいい関係になることもありますが、そういうことはこのタイプの上司には稀です。逆に恨まれてしまうこともあるので、どんな人か見極めてからでないと、付き合いづらい部分があります。どちらにしても、人のアドバイスが受け入れられないような人は、先々それほど伸びることはないでしょうから、適当に面従腹背でやっていたほうが賢いでしょう。

「はだかのバカ」が部下や恋人だった場合

メタ認知が働かない人に対して欠点を直せと言っても、なかなか素直に直してくれないでしょう。逆にふくれられて、扱いにくくなったりします。さきほどお話ししたようなポジティブなとらえ方で、相手のいい点を探してあげて、褒めながらそこを伸ばしてあげるほうがいいと思います。

自分がそのバカだと感じたら

メタ認知を働かせるためには、自分の知識が偏っていないか、感情的な判断をしていないか、などの自己チェックをまめにする習慣をつけることです。

または、人からアドバイスを求めるのもいいでしょう。ひょっとしたら「おまえは人の意見を聞かないよな」「おまえ、ちょっと頭が固すぎる……」などと自分では思ってもいなかったことを指摘されるかもしれません。その場合も、指摘は自分の欠点を直すよきアドバイスだと思って、素直に受け取ることです。

自分のことはわかっているつもりでも、意外と理解できていないものです。

自分の長所と短所が把握できたなら、長所はどんどん伸ばして積極的にアピールする方向で、短所は改善していくように、自己コントロールをしていきましょう。

メタ認知の自己チェック

自己チェックする習慣をつけるために、このような自己チェックリストをつくっておくといいでしょう。

これはほんの一例ですが、何かの機会のたびにこれだけチェックしていくだけでも、仕事や人との接し方がだいぶ変わってくると思います。

さらに自己パターンに合ったチェックリストをつくれば、効果はもっと上がってくるでしょう。常に「自己監視」をしている人は頭のいい人といえます。

心理学的ポイント

自己改善のためのメタ認知チェックリスト

（認知心理学者のブラウンによるものを一部改訂）

□ ①問題解決のための十分な知識を持っているか？
□ ②思考が一面的になっていないか？
□ ③人の意見に影響され過ぎていないか？
□ ④思考が感情に左右されていないか？
□ ⑤自分の立場に不利な思考を遮断していないか？
□ ⑥過去の経験によって培われたパターンに縛られすぎていないか？
□ ⑦権威のいうことに影響されすぎていないか？
□ ⑧自分の思考スキーマ（思い描いた図式や枠組）にとらわれて、思考が固定化していないか？
□ ⑨考えずに知識で解決しようとしていないか？

ここがポイント 和田式 バカな！ことわざ・熟語の基本用法

Lesson7　バカも休み休み言え！

語意

①相手の言ったつまらないこと、いい加減なことをたしなめて言う語。
②「バカを言え！」の強意語。

【和田式解釈】

大きな夢物語ばかり語っている人がいます。現実を見ずに。上ばかり見ている人がいます。「大風呂敷バカ」の人たちです。

この人たちは、大きなことばかり言う割に、行動がまるで伴っていません。ですから、永遠に夢がかなうことはありません。もちろん、成功することもありません。

ですが、そのギャップに気付かないまま、日々大きなこと言い続け、一生懸命に努力している人をバカにするフシまで見せます。

彼らは、周りで成功した人を横目に「自分だってそんなことは思いついていた」「自分だってそのくらいやればできた」などと、負け惜しみを言います。自分の考えていることは、もっと大きいのだと。

そういう人は、「バカも休み休み言え」に加えて「バカはやってから言え」と言ってやりたいものです。

ここがポイント 和田式 バカな！**ことわざ・熟語**の基本用法

Lesson8　バカ果報

語意　マグレで得たとんでもない幸せのこと。

【和田式解釈】

大きなことばかり言って、いっこうに行動に移さない「大風呂敷バカ」の人にくらべて、こうと決めたら即行動に移す「決めつけバカ」の人たちもいます。

彼らは「ぜーったいに成功するはずだ」「彼女を落とせないわけはない」と思い込んで挑みます。端から見ると「バカを言っている」と思うようなことでも、彼らは一度決めつけたら、頑として考えを変えようとはしません。

その自信と信念がかなって、ときにはタナボタ式に「バカ果報」を得られることもあります。ベンチャーとしてIT産業が主流となった今の時代、資金をかけずにアイデア次第でいくらでも成功するチャンスは転がっています。そうしたなかで、ポジティブで行動力のある「決めつけバカ」の人は、ある意味で強いと言えます。

場合によっては、「絶世の美女と結婚し、考案した商品はバカ売れ！」なんて、笑いの止まらない人生もあり得るわけです。まあ、そんなことは滅多にないでしょうが……。ですから、決めつけバカから学ぶべきは「行動力」であって「決めつけ」行為そのものでないことは知っておかねばなりません。

第6章

ふぬけバカ

無気力・無意欲・無関心の3バカ

何を言ってものらりくらりのクラゲ人間

「ふぬけバカ」というのは、頭がいいのか悪いのかは別として、何をするにもまったく「やる気が感じられない」「意欲が感じられない」「下手をすると引きこもってしまう」、例えば最近、問題になっているニートのような人たちのことです。

我々精神医学の世界では、こういう人たちのことを「アパシー」と呼ぶことがあります。「意欲に乏しく無感動な状態の人」のことを指します。

本書の読者のように、向上心のある人のなかには、まずいないタイプでしょう。ですが、周りを見渡せば「こいつはやる気あるのか」と思ってしまう人、仕事上でなくても、いつまでたっても恋人をつくろうとしない、結婚もしようとしない人などは、まま目につくと思います。子どもや親戚、会社に入ってきた人間が「何を考えているのかわからない」「学歴が高い割に意欲のかけらも感じられない」といったことで、どう接していいかわからずに悩む人も多いのではないでしょうか？

ふぬけバカは「戦って負けるくらいなら戦わないほうがいいや」と考えてしまいます。やる気のある人からすれば、のらりくらりと覇気がなく、何を言っても手ごたえのない返事しか返ってこないので、バカにされているような気になって頭にきてしまいます。しかし、本人たちに反抗の意志はなく、単にやる気がないだけのことが多いのです。

最近、ニート問題も含めて、このふぬけバカが増えてきている気がします。

ニートまでひどくなくても、すぐに仕事を辞めるフリーターの人や、転職を繰り返してしまう人など、さまざまなパターンがありそうです。

一見、まじめに会社に勤めている人たちのなかでも「会社にいてクビにさえならなきゃいいや」「俺は別に出世したくないから適当に働こう」「どうせ家が東京にあるから」という考えの人はたくさんいると思います。こういう人は見ようによっては「転職する気力もないふぬけ」ととらえることもできます。ただし、会社に入って何年も勤続している「ふぬけレベル」の人なら、まだマシなほうとも言えます。

このような「ふぬけバカ」には人が考えている以上にいろいろな理由があるものです。軽い心の病の人もいますし、いわゆる社会的引きこもりの人もいます。

また、何かに失敗して人生捨て鉢《ばち》になっているパターンというのもあります。受験や就職などで挫折を味わった人もいるでしょうし、転職やリストラ、失恋や離婚なども その原因になります。

この人たちは、失敗した心の傷から立ち直ることができていません。今は昔と違って、一度リストラに遭ったり、離婚をしたからといって、人生が終わりという時代ではありません。逆にその体験をもとに、人生をプラスに持っていくことも可能でしょう。その気になれば、やり直しはいくらでもきくのですが、ふぬけバカは、自分がすっかり人生の負け組になったつもりでいます。

それからもう1つ、私の予想ですが、社会が甘やかすせいで「ふぬけバカ」になってしまった人が、意外と多いのではないかと思います。

その理由については、この章で順を追って述べていきたいと思います。

「ふぬけバカ」理由その①「学力低下」

現在、学力低下の問題はますます深刻化しています。

１９９５年の国際的な調査で、日本の中学校2年生の28％が「学校の外で1秒も勉強していない」と答えたというデータがあります。

それが、１９９９年の同じ調査では「41％」に増えています。それ以降も勉強をしない子が増え続けているようです。

つまり、「努力した経験がない」人が増えているということです。

例えば、95年のデータをとってみても「まったく勉強しない」と答えた約3割の中学2年生の子どもたちの背景には、それを叱らない親や学校があるはずです。

昔は高校に行きたい人は、寝る間も惜しんで努力しなければ、とても高校などに通わせてもらえませんでした。ところが、71年から74年生まれの「第二次ベビーブーム」の世代に対しては、それが高校全入が前提といったかたちに国の方針が変わってきました。そこで学校側は、この世代の子どもたちが高校受験をする90年くらいまでに、新設校をたくさん作り定員を急激に増やしたのです。

ブームが去るまでの数年間はそれでよかったのですが、今度は少子化が進み、90年からのわずか5年ほどで1学年の高校受験をする子どもの数は30万人も急激に減ってしまったのです。そこで、実質的な高校全入時代に突入したわけです。

さらに悪いことには、この方策に対して私立の学校が、将来的に子どもの数が減ることがわかっていたので、ベビーブームに合わせての校舎の増設や生徒数を増員することを嫌がったことがあります。

そのため、公立の学校がその受け皿となるしかありませんでした。イメージのあまりよくない工業科や商業科には生徒が集まらないために、結果的に90年代半ば以降に、公立高校の普通科の「底辺校」がたくさん増えてしまったのです。現場の教師たちの間では、このことが学力低下の一つの原因ではないかと言われています。

現在の学力低下には、おそらく次の大きな2つの理由があります。

①カリキュラムの削減
②勉強しなくても高校に入れるようになったこと

さきほどデータを紹介した「学校以外でまったく勉強をしていない」95年の3割の中学2年生は、81年の生まれとされています。

これは、第二次ベビーブームが終わった74年生まれの人たちの約7年後にあたります。つまり、勉強しなくても高校に入れる世代の子どもたちなのです。

90年代半ばには、さらにこの現象が進行して、努力をしなくても「3番手レベル」の公立高や大学に入れるような時代になってしまいました。

そのうえ、今の学校は、宿題を出さない、試験をあまりやらないような教育方針になっています。日本は義務教育の期間は基本的に留年させません。不景気や親の教育熱が冷めてきたことも、理由に挙げられるでしょう。

このような環境で子どもたちは、あえてやる気を出す必要性などまったくありません。やる気を出せというほうが無理でしょう。ですから、中間テストや期末テストで0点を取ったとしても、こういった子どもたちは危機感が持てないのです。

「やれ」と言ってくれる人がいなかったがために「ふぬけ」になってしまった人が徐々に増えてきています。やる気を出す必要がなかったので、自分のなかでやる気が育ってこないのです。

現在ではさらに大学入学志願者数が減っているため、ほとんど競争倍率が１に近い状態になっています。

このままでは、ますます「やらない子」が「やらない人生」を送る、ふぬけバカが増えていく世の中になってしまいそうです。

「ふぬけバカ」　理由その②　「ニートの出現」

最近、よく耳にする「ニート」ですが、言葉の発祥はイギリスにあります。“Not in Employment, Education or Training”の略で、働いてもいない、大学や学校にも行っていない、職業訓練のトレーニングも受けていない人、という意味です。

もともとイギリスでは「何もしないで福祉にたかっているやつ」を指した言葉です。日本では、たかっている鉾先《ほこさき》は「親」だということになっています。

日本でいうニートの人たちは一般的に、親元にいて何もせずにブラブラしている人のことを指します。彼らは定職を持たない上に、何かを勉強したり、究めたり、という気概もありません。目的もなく「何となく暮らしていければいいや」という、ある種の楽天主義者です。

つまり、考えなしで、何ごとについてもやる気がない「ふぬけ」なのです。

ニート出現の一方では「大学を出てろくな仕事がなくて、コンビニでバイトするくらいだったら、家でブラブラしていていいよ」と、ニートを受け入れる親の存在があります。そのような、子どもに苦労をさせたがらない親は、子どもに「やる気を出せ」とはなかなか言いません。

日本の親はほかの国と比べても、子どもをずっと親元に置いておくことにあまり抵抗がないようです。逆に「大学まで出てフリーターをされるくらいなら、親元に置いておいたほうがマシだ」という考え方をしがちです。そういうことを「恥」と感じるのです。つまり「見栄」がニートを生んでいる部分もあります。

ここがアメリカと決定的に違う点です。アメリカは、基本的に自分で食べていかねばならない文化の国です。仮にハーバード・ビジネス・スクールを卒業していても、好みの就職がなければ、就職までの間マクドナルドでアルバイトをするのは普通のことです。ところが、日本ではそういったことはまずありません。東大を卒業して、就職が見つからないからといってマクドナルドでアルバイトをしていたら、変人扱いされる社会です。マクドナルドでアルバイトをされるくらいなら、まだ家でブラブラされているほうが「マシ」だと親は考えるのです。

そのようなことは、アメリカの社会では考えられません。社会の目を気にする日本の風潮が、親が子どもを甘やかし、ニート現象の要因を生み出す一因となったともいえます。

「ふぬけバカ」理由その③「変な過保護社会」

それからもう1つ、「ふぬけ」や「ニート」が出現した原因として挙げられるのは、変なタイプの過保護が増えたことです。

昔の過保護な親も確かに子どもを溺愛《できあい》していましたが、学校で先生に叱られたからといって、学校に怒鳴りに行くような親はまずいませんでした。

ところが、今の過保護の親は、例えば成績を張り出すと「子どもが傷つくじゃないか」と怒鳴りに行く。子どもが先生に叱られると「ひどいじゃないか」とまた怒鳴りに行く。挙げ句の果てには、運動会で順位をつけると「みんな平等に扱うべきだ」と騒ぎ出すありさまです。

近年は、そういった考えなしの主張をする「変な過保護」の「モンスター」な親が増えているようです。これはおかしな考え方だと私は思うのですが、今はこのような考えをする人に社会が合わせつつあります。

つまり、ある種の「社会の過保護」が現象として起こっているのです。親やマスコミに抗議されるから差別や競争に見えることはなるべく避けよう、少しでも子どもは傷つけてはいけない、などといって、変な過保護の考え方に合わせてしまうのです。

結果、試験の順位も張り出さない、運動会で手をつないでゴールさせる、学芸会は集団劇にして主役をつくらないという、おかしなことが起きてしまいます。

目先のことばかりに頭がいって、結果を考えない過保護が多すぎるのです。

昔の人は、そのような変な過保護な育て方をしたら、社会に出たときに自分の子どもが困る、という「結果」がきちんとわかっていました。ですから、いじめられて帰ってきても「向こうが悪い」と、子どもの味方さえしますが、その一方で「勉強して見返してやれ」というタイプの親が多かったのです。

つまり昔の過保護は、社会のルールにのっとったうえでの過保護です。病気をしたときにすごく心配するとか「こんな物を食べたら○○になるかもしれない」といったことは、すべて子どものためを思ってのことです。

それに比べて今の過保護は、そんなことをしていたら、最終的には子どもがスポイルされてしまう性質のものです。

子どもが欲しいと言ったものを何でも買ってあげるタイプの過保護は、悪いように見えても、その行為そのもので子どもはスポイルされません。ところが、悪い点数を張り出されて怒鳴り込みに行くという行為は子どものためになりません。

点数を公表されなければ、１人でテストを受けているも同じですから、競争心も向上心もそこなわれ、結局はやる気のない「ふぬけバカ」ができ上がってしまうのです。少なくとも、社会の厳しい競争に耐えられない可能性は高まるでしょう。

逆に最近は「試験で１００点取ったら○○を買ってあげる」といった子どもとの「取引」は悪い行為だとよく言われますが、私は必ずしもそうは思いません。高価なものは考えものですが、子どもにしてみれば、初めて「労働の対価」を得る経験です。悪い点を取れば買ってもらえないわけだからです。

大人だって何かしらの報酬がなければ働かないものです。やる気を起こさせるためにも、社会のルールを知るうえでも、悪い駆け引きではないでしょう。少なくとも、やる気を取り上げてしまうような今の教育のやり方より、マシだと思います。

大人になりきれない親の世代

ここで、「ふぬけ」や「ニート」が生まれる社会背景も考えてみましょう。

思春期の頃、親に反抗して「勉強なんかして何になるんだ」とか「真面目に生きて何が楽しいんだ」「セックスを我慢して何になるんだ」などと思った記憶のある人は多いと思います。

昔であれば、思春期のある時期に、そのような親の価値観に疑いを持っても、やはり自分が親になる頃には「子どもには勉強させなくてはいけない」「あまり早いうちからエッチを覚えさせてはいけない」と自分の親と同じようなことを、思うようになったものです。

ところが今はそうした風潮が変わりつつあります。特に団塊の世代くらいからは、思春期から精神的に成長しないままといっては言いすぎでしょうが、反抗期の価値観があまり変わらないまま、大人になった人たちが増えてきたように思います。

例えば、そういう人たちがマスコミに入ったりすると、思春期に思ったままのことを、公共の電波を使って世の中にたれ流すことになります。

「勉強ばかりしていると人間性がおかしくなる」とか「セックスはフリーだ」といった思春期の子どものような発想で、無責任に発言しては、自分たちは自由人であるつもりでいるのです。

それがマスコミだけでおさまればいいのですが、情報を受け取る親のほうも精神的に未発達なので、情報をうのみにして「自分たちは進歩的なのだ」と、バカな思い込みをしてしまいます。

冗談ではなく、こうした精神的に未熟なマスコミとバカ親の時代になっています。

そのような人は、親になっても思春期のときの反抗期的な精神を持ったまま、子どもに接してしまいます。つまり、思春期の子どもと精神レベルは一緒なのです。

これでは「友だちのような親」ではなく、ただのバカ親です。

普通、いつの時代でも親子断絶というものがあります。「親は物わかりが悪い」ということは、どの時代でも言われてきたことです。しかし最近は、子どものままの精神状態の親が増えてきているために、物わかりがいい代わりに、精神的に発達できるような子育てがきちんとできなくなってしまったのです。

病理学的に見る「ふぬけバカ」

前述したように、「ふぬけバカ」にはさまざまな理由が挙げられますが、軽い心の病の人や「うつ」の人も「ふぬけ」に見えてしまうことがあります。この場合、やはりきちんと治療を受けたほうがいいケースがあります。

ふぬけバカと「うつ」を同一にみなすような発言をすると、精神障害者の人たちに「差別だ」と怒られそうですが、治療をすすめるのは、治せばまた元のレベルに戻ることができるからです。

うつ病の人であれば、うつが治れば働けるようになるし、もとの立派な人格に戻ることも可能です。統合失調症で引きこもりになって何もできない状態にいる人も、薬が効けばある程度動くようになってくれるのです。

誤解を恐れずにいうと、ある意味で心の病は、心がバカになる状態とも言えます。そういう意味で「ふぬけバカ」は、普通の人には外からの診断がとても難しく、外から見ると同じふぬけでも、実はいろいろな病気が混ざっていることもあります。

病的なものかそうでないかの見極めは、一番多いパターンとして、病気の場合、ある時点を境にして、それ以前と後とで状態の「ギャップ」がとても大きなことが挙げられます。つまり「前はこんなんじゃなかったのに……」「最近はまるでやる気が起きてくれない」というパターンの人です。若い頃から「ふぬけ」で、何もやる気がない人でなければ、ひょっとしたら治る可能性もあるのです。

また、外から見ると同じふぬけでも、本人たちの心のうちはそれぞれに違います。うつ病の人の場合は、やる気を出したいと思っていても、頑張りたいのに頑張れないので、よけいに自分を責めて落ち込んでしまいます。

ところが、アパシー（医学的にいうところの、意欲に乏しく無感動な状態の人）的になっている人というのは、やる気を出したいとさえ思わないものです。

また、「引きこもり」というのも、外から見えるある症状で、実はさまざまな精神的な問題を総括して表現した言い方にすぎません。

周りから見ていて、あまりにもふぬけ度がひどいと思った人がいた場合、またその人が病気かもしれないと思ったら、周囲が医者に連れて行くことをすすめてあげるのも大切なことです。最近は昔ほど、精神科のクリニックに対する偏見もなく、敷居は高くありませんし、心配して連れていくのなら人権蹂躙《じゅうりん》ということにはならないでしょう。いい薬もどんどん導入されています。

「こんなふぬけ、会社に置いておいても仕方がない」「こんなふぬけとは、もう別れちゃおう」と素人判断で見切る前に、病院に連れていく価値はあると思います。

「ふぬけバカ」の扱い方　無気力・無意欲・無関心の3バカの治療

さきほどから述べているように「ふぬけバカ」の見極めは難しく、ひと言で「ふぬけ」といっても、さまざまな理由があるものです。

つまり、それによってさまざまな接し方があるということです。

そのため、ふぬけバカと付き合うには、その人がどのようなタイプの「ふぬけ」か、よく観察をすることが大切です。上司や部下という区分けよりも、むしろ、そのタイプによって対応していくのがいいでしょう。

例えば、リストラや離婚で捨て鉢になっているふぬけバカであれば、「人生、やり直しはいくらでもできるんだ」ということをわからせてあげることが大切です。仲のよい同僚や友人であれば、一緒にお酒を飲んであげるのもいいでしょう。

また、精神的な病が心配な人には、病院に行くことをすすめてあげるべきですし、叱られた経験がないような「ふぬけバカ」であれば、ときには叱ってあげることも必要でしょう。

そしてもう1つ、「ふぬけバカ」にやる気を出させる方法として「エサをまく」というやり方があります。簡単にいえば、労働に対する報賞を与える方法です。

ただし、どんなエサをまけばいいのかは人それぞれです。

彼女ができたら急にやる気になる人もいるでしょうし、何か欲しいものができたから、という人もいるでしょう。また、エサをちらつかせたところで「もう俺はいいや」と見向きもしない人もいるでしょう。反応は本当に十人十色なものです。

「ふぬけバカ」は、自分から「このレベルの仕事しかやらない」と開き直りがちです。ですから、やる気のなさに対してのエサをワンパターンで考えていると、なかなかやる気を引き出すことができません。扱う側は、常にエサをまくための引き出しをたくさん持っている必要があります。

そこで紹介するのは、私が主宰していた心理学ビジネスのシンクタンクで考えた「モチベーション・マネジメント」というものです。これは、相手にやる気を持たせるための手段、つまり「エサ」のパターンをわかりやすく図式化したもので、「3つの法則」と「9つの原理」「26の技術」で構成されています。

例えば、このモチベーション・マネジメントの構造のなかに、「希望の法則」というのがあり、その下に「十分にやれそうだ」という原理があります。

つまりこれは、「十分にやれそうだ」と思わせれば、「希望」が持てる。イコール「やる気が起きる」という方程式です。

さらにそれをうまくやるために、26の技術のなかから「達成可能な到達目標を設定する」などの方法を選択して、相手に試してみればいいのです。

モチベーション・マネジメントには、たくさんの種類の技術が用意されています。

つまり、組み合わせによってさまざまな処方箋が出せるということです。

詳しくは拙著『部下のやる気を2倍にする法』（ダイヤモンド社）という本にあるので、もっと知りたい人は読んでみてください。

「ふぬけバカ」で努力をした経験がない人に、どのエサを与えて、どうやる気にさせていくかは、エサに対してどう反応するかを頭で考えるより、いろいろなやり方を試して判断していくしかありません。

やる気を出させる方法は1つではありません。ふぬけの人がふぬけなりに、素直に応じるのであれば、いろいろと試してみる価値はありそうです。試していれば、1つくらい当たってやる気が引き出せるかもしれません。

『モチベーション・マネジメント』「9つの原理」と「26の技術」

三つの法則

- **希望の法則**
  - （原理1）**頑張ればうまくいく**
    - 技術1　明確なフィードバックを繰り返す
    - 技術2　フィードバックのTPOを考える
  - （原理2）**十分にやれそうだ**
    - 技術3　達成可能な到達目標を設定する
    - 技術4　下位目標の設定を工夫する
    - 技術5　気が楽に持てるように原因を解釈する
  - （原理3）**何をどうすればいいのかわかる**
    - 技術6　手本を目に見えるかたちで示す
    - 技術7　自分が使っている方略を自覚させる
- **充実の法則**
  - （原理4）**おもしろい、確実に成長している**
    - 技術8　おもしろみを発見させる
    - 技術9　成長が実感できるような目標を設定させる
    - 技術10　「Ｂｅｉｎｇ目標」と「Ｂｅｃｏｍｅ目標」の両方を持たせる
  - （原理5）**自分で決めたことだから頑張る**

技術13　思い込みでも、元気のいいときにはそのままに

（原理6）**期待されている**

技術14　人より優れていると思わせる

技術15　ピグマリオン効果を利用する

技術16　「期待されているからこそ」と思えるように叱る

技術17　貢献の場、責任を与える

関係の法則

（原理7）**安心できる**

技術18　意志決定のよりどころをはっきりと示す

技術19　この人と仕事をすれば大丈夫だと思わせる

技術20　不合理な不安を解消させる

（原理8）**関心を持たれている**

技術21　自分は評価されていると思わせる

技術22　メンバーに「人」として強い関心を寄せる

（原理9）**一体感がある**

技術23　アイデンティティを感じさせる

技術24　そこにいてもいい仲間と思わせる

技術25　メンバーをきちんと褒める

技術26　集団心理にメンバーを巻き込む

（ダイヤモンド社、和田秀樹ほか著『部下のやる気を2倍にする法』より）

「ふぬけバカ」が上司だった場合

「ふぬけバカ」はどんなタイプにせよ、とにかくやる気がないので、出世を望んでいる人が、このタイプの上司を持ってしまったら最悪です。その人自身が、今のまま適当にやっていればいいやと思っているので、チーム全体に活気が出ないのです。

ですから、この人に付いて仕事をしようと考えるよりは、うまく先導する手段を考えるほうが賢明です。

「ふぬけバカ」は、自分で進行を考えることなど、面倒でたまらないのですから、それを逆手にとって、自分からどんどんアピールして、やりたい方向に持っていくことも手だと思います。それがうまくいけば、この上司は扱いやすくなります。

「ふぬけバカ」が部下や彼女だった場合

「ふぬけバカ」のなかには、自分で行動パターンを考えるのが面倒なために、上司の言うことを素直に聞く人もいます。また無理やりやらせればやる人もいます。上司が怖ければやるという人もいるでしょう。

こういう人は、嫌になったら辞めてしまう可能性もありますが、激しい反抗もしそうにありませんので、さきほどの「モチベーション・マネジメント」を利用していろいろと試してみる価値はあります。

自分がそのバカだと感じたら

この本の読者のような、自己啓発に積極的な方には、このタイプのバカの人はおそらくいないと思います。ただし「やろうと思っているのになかなか行動に移せない」「行動に移そうと思うと億劫《おっくう》になってしまう」という、いわゆる「グズな人」なら思い当たる人も少なくないのではないでしょうか？

そのような人は、まず自分の行動パターンを観察して「なぜ自分は躊躇してしまうのか」「いざとなると、どうして臆病になってしまうのか」についての原因を見直してみるといいでしょう。原因がわかるだけでも、これからの方策を練ることができるわけですから、だいぶ変わってくると思います。

その結果を踏まえ、さきほどの「モチベーション・マネジメント」を利用して、目標を定めたり、自分にエサを与えるなどして、自分で自分のやる気をコントロールしていくといいでしょう。

また「常にやる気に満ちている」という人でも、自己管理がきちんとできていないと気付かないうちになまけ癖がついていた、対応が怠慢になっていた、ということも起こりがちですので、やはり常に自己チェックしていくことをおすすめします。

人間はうっかり気を抜くと、ついつい楽なほうに怠けてしまう生きものなのです。

第7章

井戸のなかのバカ

化石知識で生きる学者タイプ

知的謙虚さのなさが地位と知識を化石化させる

「知的謙虚」というのは、前述したメタ認知がよく働いているとも言えるのですが、自分の地位がどんなに高くなっても「自分にもまだ知らないことがあるんだ」と思える謙虚さのことです。

逆に知的謙虚さのないバカ、ここで言う「井戸のなかのバカ」というのは「教授バカ」のタイプで、自分の地位が確立した途端に「俺は頭がいいんだ」と思い込み、「周りはバカで自分は賢い」といういわゆる井のなかの蛙のような態度をとって、それ以降ろくに勉強しなくなるタイプの人のことです。

「知的謙虚」という言葉は、かつて「ミスター円」と呼ばれていた榊原英資・青山学院大教授もよく使われる言葉ですが、結局「知的謙虚さ」がなければ、為替を扱う世界では生きていけないということを彼は言っています。

このことは、榊原先生の尊敬する、アメリカきっての切れ者といわれたロバート・ルービンという元の財務長官が「世の中に確実と言えるものなど何もない」とつねづね言っていたことから学び、肝に銘じたことだそうです。

ルービンは、確実なことなどないのだからと既知の知識を常に疑い、知っていることの確実性や確率をより高めるために、できるかぎり広く情報を集めたそうです。

この考え方は、為替に限らずさまざまな分野に適用できます。

つまり、常に学ぼうという態度がなければ、これだけ変化の速い時代には生き残っていけないということです。

「昔は頭がよかったのに」とか「あの人は人の話を聞かないから」と言われてしまうような人は、この知的謙虚さがない人です。確かにそういう人は、昔は本当に頭がよかったのでしょうし、学歴も高くて、経営者としても大成功した人たちかもしれません。

しかし「昔は」と、過去の栄光として、周りから扱われてしまっているのは、知的謙虚さがないために、ある時点からその人の成長が止まってしまったためです。

つまり、知識と地位がその時点で化石化してしまったのです。

例えば、教授になった途端、勉強しなくなってしまい、20年前の「最新の」知識をとうとうと話している人がいます。

「アメリカは自由で創造性重視の教育をしているんだ」といった教育改革論を、アメリカではもう30年も前に（本格的に変えてからでも20年以上たちます）そのやり方から宿題重視・試験重視の教育政策に変えたというのに、いまだに平気な顔で話しているようなバカ教授が、日本にはまだたくさんいるのです。

なぜ、そのような現象が起きてしまうかといえば、本人たちは自分の知識が古くなっていることに気付いていないからです。それでは、その20年前の話はどこからきたのかといえば、なんのことはない、単にその人が20年前の助教授時代に、たまたまアメリカに留学していたからだったりするのです。

このような井戸のなかのバカは、20年前に留学していたときの「最新の」知識を20年間もひけらかし続けて、教育界の大御所みたいな顔をしているのです。

准教授の頃は勉強しなくては教授にはなれません。ですが、東大でさえ教授になると勉強しなくてもずっと東大教授でいられるのです。そのようなシステムが、知的謙虚さのない「井戸のなかのバカ」を多く生み出しているのだと思います。

日本とアメリカにおけるガン治療の実際

20年前の知識を平気でひけらかす学者たちがいる一方で、それを許す環境があります。特に日本人は、権威や肩書が立派だというだけで、その人の話すことを簡単に信じ込んでしまう傾向があります。「東大教授の言うことだから間違いない」と根拠もなく、その情報を信じ込むのです。

ですから、知的謙虚さのない東大教授が、審議会やマスコミにノコノコ出てきて「アメリカでは……」と、20年前の話をもっともらしく語ることが許されています。

今の時代は「アメリカでは……」の最新情報は、東大教授の言うことより、インターネットで調べたほうが、より確実で速い情報が手に入ります。

例えば、ガンの治療についてインターネットで調べれば、世界標準の、統計的な裏づけもある治療法が、家にいながらにして一瞬で手に入ります。一方で、日本ではガン治療の権威だと称する人間が「この治療法がもっとも最新で確かな治療だ」と、10年前の治療法を偉そうに語っていたりすることが往々にしてあるのです。

例えば早期乳ガンで、乳房を丸ごと取ってしまうような治療をする人が、日本にはまだ残っています。そんなことはアメリカではまず許されません。

アメリカでは、今のガンの世界標準、すなわちアメリカ基準の治療をやっていなければ、患者から訴えられてしまいます。それ以外の治療法をする際は、何でそれをするのか説明しないといけませんし、より進んだ治療をする場合にも、医師は患者にきちんとした説明をする義務があります。

患者側がガンの治療について知りたければ「National Cancer Institute」のホームページを開くだけで、それぞれのガンの世界標準の治療法が、ステージによって細かく書かれています。また、その治療がなぜ有効かということが知りたければ、クリックするだけで、裏づけになる論文も読むことができます。

例えば早期乳ガンについての論文には、たくさん切るのと、必要なだけ切ってあとは放射線をかけるのとでは、5年生存率に差がなかったという追跡データなどが書かれているのです。

つまり、患者自身がガンについて勉強し、治療法を選択することができる環境にアメリカではなっています。医師と患者の双方が対等な立場で話し合い、納得したうえで治療が進められていくわけです。

対して日本では、患者が治療の知識を持つことを医者は煙たがります。「シロートは黙って専門家の言うことを聞いていればいい」と、言わんばかりの態度の医者も多くいるように思います。

患者のほうも、多少の英語が読めれば世界標準の知識が簡単に手に入るのに、それについてあまり積極的ではないようです。「医者の言うことだから間違いない」と、医者という肩書だけで、説明をうのみにしてしまう傾向があります。また、昔からの風習で、下手に医者の機嫌を損ねては大変だ、という気持ちもあるのでしょう。

最近は日本でもセカンドオピニオン（患者が主治医以外の医師や病院に、診断や治療法などの意見を求めること）のシステムが知られるようになってきましたが、それでもまだまだこのような古い医師―患者の関係は根強く残っているように思います。

何の知識も持たずに、医者だというだけで他人に命を預けるというのは、よく考えれば恐ろしいことであり、自分に対してあまりにも無責任なことです。

しかし、日本では無条件に専門家に身をゆだねる風潮があって、そうではない人はまだ少ないのです。

インテリの（アメリカの場合もインテリに限るのですが）アメリカの患者は「情報」という、医師と対等に話をするための武器を持っています。

下手をすれば今、自分が行っている治療よりも、別の治療法のほうが生存率が高かったというデータが公表されているわけですから、医師も自分の地位におちおちあぐらをかいていられません。常に新しい知識に接しておく必要があります。

それをサボれば、「あなた、こんなことも知らないでよくガンの専門家と言えますね」と言われ、権威はおろか医師の立場もあやしくなってしまうのです。

このような社会だからこそ、アメリカは常に最新の技術を誇る医療先進国の地位を維持していられるのです（治療費は高いですが）。

今の日本では、たとえ、患者が世界標準のガン治療を見つけて医師に伝えたとしても、医師本人がその情報について知らなければ、「いや、日本ではいっぱい切ったほうが治るんですよ」というようなことを平気で言う医師は多いでしょう。

自分の体面を守ることに精一杯で、地位にあぐらをかいて勉強しないのです。

「日本人は手先が器用だから」「うちの施設では安全ですよ」ということを根拠もな

しに言って、患者を納得させようとします。

「では、データを見せてください」と患者が言って、データを見せられる医師であれば、ある程度その人は信用していいでしょう。

しかし、何も納得のいく説明が得られなければ、たとえ医師の肩書を持っていたとしても、そんな人を信用することはありません。

常に、ほかの可能性を疑ってみることです。「知識」という武器で、自分の身は自分で守るべきなのです。

バカな権威者とアホな国民

権威を振りかざす井戸のなかのバカはたくさんいますが、それにもまして日本の社会は、権威や肩書に弱すぎるところがあります。

ノーベル賞学者だと言われれば、水戸黄門の印籠《いんろう》をかざされたように無条件でひれふしてしまいます。ノーベル賞をとるくらい頭のいい人だから「何でもできる」と幼稚な納得をして、疑う力を失ってしまうのです。知的謙虚さのないノーベル学者のほうも、すっかりその気になって英雄気取りで、さまざまなシーンに顔を出し、好き放題に権威を振りかざしています。

以前、江崎玲於奈さんというノーベル賞学者が、教育改革国民会議の座長をやっていたときに、こんなことがありました。

「日本の学校を24人学級にすればいい」ということを江崎さんは、堂々と大新聞で主張していました。その根拠は記事を読んでみると、「自分の息子がアメリカ在住中に27人くらいのクラスで授業を受けていて、それが非常によかったから」とのことでした。

その経験に基づく提言自体が悪いと言っているわけではありません。

ただ、公共の正式な場で意見を求められたり、自分が政策決定に大きな影響をもつ立場にいるのであれば、その体験にもとづく裏づけのデータくらい用意するべきだと私は言っているのです。これでは息子の自慢話にすぎません。教育改革国民会議の座長という自分の立場が持つ言葉の重みと、責任がわかっていないのです。

今は、インターネットで調べれば、アメリカの教育はどうなっているかなどの情報は簡単に入手できる時代です。

実際にアメリカでは、そのことについての実証的な研究結果が、教育省のホームページで公開されています。クラスのサイズを20人未満にしたら、子どもの成績が急激に上がるというデータがいくつも論文になっています。（もちろん、江崎氏が発言した当時も、教育省のレポートとして発表されていたのですが）。

しかし、江崎さんは英語が完ぺきに読めるにもかかわらず、そのような情報にあたろうとせずに、教育改革国民会議の座長として、その話を口にしたわけです。

その一方で深くうなずいて納得してしまう国民がいます。このようなことが、日本では日常茶飯事に、さまざまな場面で行われているわけです。

知的謙虚さがない「井戸のなかのバカ」と「うのみバカ」がセットになると、ひどいことになります。「バカな権威者とアホな国民で成り立つ日本」――。言葉は悪いですが、これが今の日本社会の現状です。

肩書に弱い社会とマスコミ

このように肩書や権威に弱い日本人の風潮は、マスコミも「うのみバカ」の性質を持っていることが原因の1つに挙げられると思います。

現在、国民が情報を得るうえで主流になっているツールはテレビや新聞です。

そのマスコミが、いわゆる「偉い人」の発言を何の疑問も持たず公共の場に引き出して、意見の暴走をさせてしまうので、それを見た国民がその情報をうのみにしてしまうのです。

例えば江崎玲於奈さんに国民の教育政策を決める長を務めさせるのであれば、その前に彼が教育の実績があるか調べるべきです。彼の弟子で誰かものすごく有名な研究をしている人を、１人でも挙げられるのかと、マスコミの人に聞きたくなります。

江崎さんに優秀な教育能力があるのだったら、弟子が育っているはずでしょう。

当時、彼は芝浦工大の学長でしたが、芝浦工大という大学は、果たして教育が優秀な大学だと評価されているでしょうか。

そういった「実績の裏づけ」もなく、ノーベル賞という勲章だけで「だからすごい人なんだ」と、やはりマスコミも判断してしまうのです。もっと言えば、そのように印象づけて「話題の人」を仕立て上げようとするふしさえ感じられます。

何かが飛び抜けて長けているから「何でもできる」という発想は、思い上がりもいいところです。野球の名選手が「俺はジャンケンでも日本一だ」と言っているようなものです。実際は、野球の名選手だった人が、野球の名監督になるのでさえ、怪しいはずです。

ですから、いくら優秀な人であったとしても、勉強もしないでほかのジャンルのことまで口を突っ込むべきではないのです。日本には肩書ばかりが立派で知的謙虚さがまったくない「井戸のなかのバカ」が多すぎると思います。

知的謙虚さがあるのなら、いくらノーベル賞学者であったとしても、「自分は教育については素人だから、もう少し勉強してから教育の政策にご協力したいと思います」

と自分で言って、用意されたポジションを辞退するはずでしょう。

しかし、実際は物理学でノーベル賞を取っていたら、物理以外の「すべてのこともできる」といった錯覚に、本人も周りの人々も陥ってしまうのです。

本当のところは、ただの頭のいい「ど素人」にすぎないのです。

「井戸のなかのバカ」を利用して楽に賢くなる方法

しかし、このような知的謙虚さのない「井戸のなかのバカ」のほうが、賢そうに見えてしまうものなのです。

「アメリカではこうなっているんですよ」「子どもに無理に勉強させたら、かえっておかしくなるんです」「人間の無意識についてはフロイトがこう言っているから、あなたの夢は性欲の表れです」などと、彼らは絶対的な言い方で断言したりするからです。

実際は、例えばフロイトが言っていることなど、少なくとも統計学的な裏づけはまったくありません。それでも権威者とされている人に「そんなことは当然の心理です」と言われれば、みんな何となく納得してしまいます。

その説得力はどこからくるのかと言えば「自分の言っていることが絶対に正しい」

という彼らの自信と、周囲の多くの「肩書に弱い人」が威圧されることにあります。

しかしそれは、ただの勘違いにすぎません。

知的謙虚さがない人は、たぶんかつて業績があったり、賢かったから、偉くなったのでしょう。ですから、このような人の言説を頭からバカにしてかかる必要はないと思います。学べるノウハウはたくさんあるでしょうし、学ぶべきです。

ただし、彼らの言っていることをうのみにしないで、ここの部分までは正しいけれど、ここからは古いというスタンスで、彼らの話に接すればいいのです。

そのためにはどうすればいいか。まずは、その人たちが言っていることに疑いを持ってみましょう。少しでも疑問を感じたら、インターネットで調べるなどして、知識や実証的データの裏づけをとっていくといいでしょう。情報が正しければ、そのまま自分の知識にすればよいし、間違っているようだったら、改めるなり、また新しい情報を探していけばいいのです。

そういうやり方をしていれば、必ずその人よりは賢くなれるわけです。

知的謙虚さのない「井戸のなかのバカ」は、ある時期以降ほとんど勉強しなくなったくせに、自分の勝手な意見ばかりを通そうとします。自分の地位にあぐらをかいて、それ以上学ぼうとしないのです。この人たちを抜かすのは簡単です。

このタイプの人は、知識をひけらかすことが大好きな人が多いですから、知っていることの大部分をしゃべってくれますし、論文などにまとめている人もいるので、それ以上のことをこちらが学べば必ず勝つことができます。

逆に、この人たちの権威や肩書に振り回されて、情報をうのみにしてはいけません。信者になって化石のような知識で洗脳されては、ひどい目に遭います。

何ごともまずは疑って、合っていても間違っていても、調べたうえできちんと自分の知識を積み上げていくことです。なぜ合っているのか、間違っているのか、だったら最新の情報とは何なのか、説明ができるようにしておくことです。

ノーベル賞は、功労賞のようなものです。山中伸弥さんのような現役の学者がもらうことのほうが珍しく、一般的にはもらった頃には時代は進んでいて、その技術は役立たずになっていることのほうが多いし、その学者もすでに現役とは言えなくなっていることのほうが多いものです。

野球殿堂入りした選手に、今、プレーをしろと言ってもできるものではありません。殿堂入り選手のベストナインと、大学選手権の優勝チームが対戦したら、大学チームが勝つでしょう。彼らは強い草野球のチームにも勝てないかもしれません。

ノーベル賞とは、そのような種類の賞だと考えてよいのです。

「井戸のなかのバカ」の扱い方 「化石知識で生きる学者タイプ」の治療

知的謙虚さのない「井戸のなかのバカ」を相手にするワザとして、表面ではすごく尊敬したフリをして、お腹のなかでバカにできれば大したものです。

そういう人は、きっと出世するでしょう。

しかし一般には、そのようなバカの知識をうのみにしていないか、知らないうちに信者になっていないか、わが身を案じるほうが先決でしょう。

特に日本人は、教育政策のことも含めて、肩書や権威の信者になってしまう風潮がひどいので、自分はそういうつもりがなくても巻き込まれている場合があります。

例えば、かつて皇室典範を変えようという会議に、皇室の伝統の専門家はほとんどいなかったそうです。最初から女帝容認ありきという結論が出ている審議会をつくろうとするために、このようなことが起こると私は聞きました。

つまり日本の社会は、名前の通っていない専門家より、権威ある人にうなずいてもらったほうが「箔《はく》」がつくという考え方です。「偉い人」が相談して決めたことのほうが、国民も納得すると思っているのです。

中教審にしても教育国民会議にしても、教育のプロがほとんど入らずに、世間でいういわゆる「偉い人」を集めてしまうのです。世間で「偉い人」だからといって、教育のプロではないはずですが、そのような傾向に陥ってしまうのです。

ちなみに私は受験業界では、通信教育などを通じて、実際の教育にもかかわっていますし、また生徒の成績を上げたり一流大学に合格させるという実績もあげています。また、教育論についてはそれなりに調べたうえで、たくさん本も出しているのに、教育関係の審議会に、声をかけられたことさえありません。

野球の選手を集めたり、タレントを集めることで国の大事な教育政策を決められるでしょうか。

そうした風潮が濃い日本の社会で、やはり権威や肩書に惑わされずに生きていくのは、至難のわざだと思います。だからこそ、心してほしいのです。

自分がそのバカだと感じたら

知的謙虚さがない「井戸のなかのバカ」を自分で自覚するのは簡単なことです。「自分の考えは古くなっていないか」「自分にはまだまだ知らないことがある」と自問自答してみれば、おのずと答えは出ると思います。

むしろ、難しいのはその後で、「素直に新しい知識を取り入れることができるか」「勉強し直すことができるか」「自分より目下の人の話でも聞くことができるか」ということが課題になってくるでしょう。

実際には、地位の高い井戸のなかのバカというのは、学ぼうとさえ思えば、誰よりも有利なスタンスにいるのです。

例えば、ノーベル賞学者の江崎玲於奈さんから「和田くん、実は私は最近心理学に興味を持っているんだけど、ちょっと教えてくれないか」と言われれば、私はさんざん江崎さんの悪口を言っていた人間でありながら「わかりました」と喜んで教えに行ってしまうでしょう。これがただの会社員の人が相手では、私もなかなかそうはできません。

このように、特別な地位にある人は、謙虚になりさえすれば、いくらでも人から話を聞くことができる機会が持てるのです。

安倍首相は嫌いだ、橋下徹は嫌いだ、江崎玲於奈は嫌いだ、と私が言っていたとしても、その人たちが「最近きみの本を読んで面白かったから、ちょっと話を聞かせてくれないか」と言われたら、私はホイホイ出かけて行くわけです。

文化勲章や叙勲を断った人はいても、天皇へのご進講を断った人はいないでしょう。自分より偉いと思う人から「教えてくれ」と言われて断る人は、まずいません。

ですから、偉くなるほど、本当は人に話が聞きやすくなるのです。

それにもかかわらず、偉くなるほど、人の話を聞かなくなる井戸のなかのバカは増える一方です。

そのバカたちを出し抜くことは簡単です。ただ素直になって人の話を聞く耳さえ持てれば、さらに賢く偉い人間になれるチャンスがあるわけです。

『島耕作』シリーズを書いている漫画家の弘兼憲史さんは、自分の地位を利用して、よくいろいろな著名人の話を、自分の担当編集者に聞かせにやったりするそうです。

このように、うまく自分の地位を利用できるなら、大いにすべきだと思います。

平社員に「教えてください」と言われるよりは、部長に「教えてくれ」と言われたほうが嬉しいでしょうし、さらに社長に「聞かせてくれ」と言われたら、もっと嬉しいのが人間心理というものです。

「知的謙虚」表の顔と裏の顔

知的に謙虚であるということは低姿勢な態度をとったり、「私などまだまだ未熟で」という態度をとりなさいと言っているのではありません。外向きには謙虚でなくていいのです。私の場合もそうですが、仕事の種類によっては、外向けには賢いフリをして「俺ほど知っている人間はいない」「俺は常に最新の知識に接している」という顔をしなければ、こなくなってしまう仕事もあります。

ですが、それは外向きの顔であって、知的謙虚さのある人間というのは「誰かのほうが新しいことを言っていたらまずいな」「今このデータが使えなくなったらまずいな」

と、陰では常に新しい知識を取り入れる努力をしています。

つまり、自分の知識に謙虚であるのであって、表だって「私は賢そうに見えますけど浅学非才で」とする、いわゆる「謙虚な態度」と「知的謙虚」は違うのです。外から見て謙虚に見えるかどうかではありません。

外から見たら「世間さまは東大教授と言ってくれますが、私なんてまだまだで……」と謙虚な態度をとりながら、実はまったく勉強していない人もいます。

逆に、外向けには偉そうに「俺ほど知っている人間はいない」という態度を取っているけれど、陰ではコツコツ勉強している人もいます。あるいは、偉そうな態度で「ちょっと教えてくれんか」と言いながら、いろいろな人の話を聴いて自分のものにする人もいます。どちらが偉いかといったら後者の人のほうが偉いのです。この理屈をわかっているかどうかというのも、一種のメタ認知と言えます。

日本人は、外向けに謙虚な人のほうが「ああ、あの人は人間ができている」と思ってしまいがちです（もちろん外向けに謙虚で、知的にも謙虚の人もいますが）。

そこでお互いがお互いを勘違いした「知的謙虚さがない学者」と「その信者たち」の構図ができ上がってしまうのです。少なくとも、この本の読者はそれに当てはまらないようにチェックしていただきたいものです。

第8章

大風呂敷バカ

口だけは大統領

やるかやらないか。それが大きな分かれ道

大風呂敷バカとは、口先でばかり大きなことを言って、実行力がともなっていないタイプのバカのことです。

「俺だって検索エンジンがあればいいなと、昔から考えていたんだよ」「ネットショップは俺も考えていたんだけどな」というようなことを言っている人がよくいます。しかし、言っているだけでは、何も変わりません。

実際、インターネット時代と呼ばれる今の時代では、コンピュータに詳しい人たちであれば、似たようなことを思いつく人はたくさんいるものです。

「携帯でこんなことを配信できるのは俺も知っていたんだけど……」と言っても、実行しなければ、知らなかったと同じことです。知っていて実際にやった人は大金持ちになりますが、知っていてやらない人は1円にもなりません。

そういう結果がものをいう時代です。極論すれば、アイデアを立ち聞きして実際にやった人でさえも、アイデアを語っていただけの人（もちろん、特許でもとっていれば別でしょうが）に勝てるということです。

大風呂敷バカは、口に出すまでは張り切ってやるのですが、あとの行動が続きませ

ん。その割になぜか、こういう人に限って、大きなことを言いたがるのです。

そのため「あいつは口ばっかりで」などと陰で言われてしまいます。

それでも懲りずに口に出してしまうのがこのバカです。

どうして実行力がともなわないのか、理由はいろいろあるでしょう。

単純に実行力がなかったり、かかる時間やコストを考えたりしているうちに面倒になってしまったり、臆病さが出てきてしまったり……と「何となくやらない」で終ってしまう人が多いのは確かです。また、自分の考え方に、口で言うほどの自信が持てないというのも1つの理由でしょう。

どんなにいいアイデアを思いついても、実行に移さなければ意味がありません。

いいアイデアがあっても実行に移さない大風呂敷バカと、土日だけでも副業で試してみたり、例えば夜だけラーメン屋をやってみたりする人とでは、たとえ試したことによる収入がほとんどなかったとしても、雲泥の差があります。

実行に移せる人はある確率でお金持ちになることがあります。しかし大風呂敷バカが成功する確率は、いつまでたっても限りなくゼロに近いのです。

主婦が洗濯機のゴミ取りなどを発明して、すごい大金持ちになった例もあります。

やはりそれは、ふっと思いついたアイデアを、実行に移したからこそお金になったわけです。

ビジネスチャンスはいくらでも周りに転がっているはずです。しかし、口でいろいろ言っている割にやらない人がほとんどです。本当はいいアイデアをもつ大風呂敷バカは、意外と多いのではないでしょうか。そういう人は、本人は頭がいいと思っているのでしょうが、結果はその他大勢のバカと同じです。

また、大風呂敷とは少し違いますが、世の中には、知識や技能を十分に持っているのに、お金になるチャンスをみすみす取り逃がして、1円にもならない愉快犯に走る変わり者の人もいます。例えば、いわゆるハッカー（正しくはクラッカー）といわれる人たちです。

彼らは検索エンジンやネットショッピングのシステムなどのソフトをつくる人以上の能力があるとされています。それをお金に代えることなく世界中のコンピュータ相手に、破壊活動にいそしんでいるわけです。犯罪行為ではありますが、実行しない人よりは実行しているぶん、まだマシだという考え方もできます。しかし捕まった場合、結果的には何もしないより悪い結果になることが多いので、やはりバカの人です（例外的に優秀なハッカーを高給で雇い入れる会社もあるそうですが）。

話は戻りますが、日本はアメリカと違って今までベンチャービジネスがあまり活発ではなかったので、大風呂敷バカでも「また大きなことを言って」と嫌味を言われるくらいで、それなりに尊敬されたりしていました。

ですが、これからの時代は「有言実行」で時代の波に乗っていかなければ、どんどん取り残されてしまいます。何がベンチャーにつながって儲かるかわからないのが今の世の中です。ましてネットベンチャーは、ほとんどお金をかけずに起業することがあり得るビジネスです。

問題は発想の差だけではありません。それ以上に「やるか」「やらないか」です。

「方略思考」を身につけよう

モテる男になるための一番いい方法は、女性が多い職場に行くことだ、ということを何かの本に私は書いたことがあります。ふざけた答えだと言われたものですが、私はそうは思いません。

知り合う機会がなければ絶対にモテるようにはなりません。これが現実です。どんなに素敵な男性でも、知り合う機会がないとモテることはありません。

ところが、かなりレベルの低い男性でも、女性ばかりのなかにいると、そのうち何人かはその人のことを好きになってしまうものです。

こういう事実に難癖をつけるような人は、現代的なアイデアを耳にしても、実行に移すことがない人だと思います。そうした人を含めて、口ばかりでやらない大風呂敷バカは、外から見ると一生これで終わるだろうなという、だいたいの筋が見えてしまいます。

　試してみることによる成功体験がないから、さらに試すことが億劫になり、一生何も試さずに、本当に周囲の環境に流されてしまうのです。

　教育心理学の世界で使われる言葉に「方略思考」というものがあります。

「方略思考」というのは、何かがうまくいかないときに「やり方を変えればいいのだ」という考え方が持てるかどうかということです。

　何かがうまくいかなかったときに「俺には才能がないんだ」「俺はバカだ」と思うようであれば、もうそこであきらめるしかありません。逆にやり方を変えてみようと思える人は、おそらくどんなシチュエーションでも生き残れる可能性が高まります。

　勉強ができなくても、仕事の世界で成功する可能性も高いといえます。

　方略を変えるという単純な作業ではありますが、成功に向かって、代わりの方略をどういうふうに見つけ出していくのかは大切なことです。

「女にモテたいのなら、女性の多い職場に行くことだ」――これも、今モテない人がとり得る1つの方略です。それを行動に移せる人がどのくらいいるでしょうか。

　人は単純な方略ほど「バカバカしい」と言って実行しようとしません（もちろん職場を変えるのはそんなに簡単なことではありませんが）。失敗したときのことを考えすぎてしまうし、自己愛が傷つくのが怖いということもあるでしょう。

この場合だと、女性の多い職場に移ったのにモテなければ、いま以上に惨めだというわけでしょう。しかし、成功する確率は明らかに高いし、そうであれば、これまでより女性に自信をもてることでしょう。

実際に「方略を変えればうまくいく」という体験をしなければ、なかなか自分が方略志向になることはできません。しかしこの志向パターンを持つことは、失敗に対しての対処もより現実的なものになりますし、自己愛の傷つきへの過度の恐れや「そんなことをしたって」というあきらめを払拭することにもつながります。

「方略思考」に学ぶ頭のいい勉強法

以前、私がさまざまな著書ですすめた和田式勉強法は「数学は暗記でいい」「合格者のなかで最低点を取ればいい」「出ない科目はやらなくていい」「内職はどんどんやっていい」といった旧来の常識を覆すタイプのものでした。そのため「大学に受かりさえすればいいという勉強のやり方は、大学に受かった途端、勉強をしなくなる生徒を増やしてよくない」といった批判をさんざん受けました。

ところが結果論から言うと、受験勉強法の本を出版してから10年以上たって『大人のための勉強法』を私が出版してみると、当時の和田式勉強法を実践した人たちが、その本を買ってくれたのです。

大学に入った途端、勉強しなくなるはずの人が、大学に入って10年以上たってから、そのような本を買うでしょうか。

つまり世間では「和田式勉強法を行うと『大学に受かりさえすればいい』という考えの人間が増えて、結局は大学や社会で勉強しない人間を生み出すことになる」という仮説を立てていましたが「どんなやり方をしても、やり方を変えることによって、入れないと思っていた大学に受かってしまうと、その成功体験から前向きな思考が生まれて勉強が好きになる」という、もう1つの仮説も成り立つわけです。

後者の仮説を証明できるといえるほど多くの人が、私の『大人のための勉強法』を買ってくれました。もちろん前者を証明する統計データはまったくありません。

「そうか、やり方を変えればいいんだ」という前向きな思考ができると、会社に入っても「うまくいかなければ成功者のやり方を見習ってみよう」「ダメだったら資格試験でも受けてみるか」と思えるようになります。

大学受験の成功体験の自信が、その人の考え方を「方略思考」に変えて、その結果、うまくいかなくてもやり方を変えればいいと思える「しぶとい」人間を生み出したり、大人になってても勉強する意欲をもった人間を増やすと考えられるのです。

口先だけで実行力がない人は、「試してみれば変わるかもしれない」という成功体験がもてません。

モテなければ、モテ方の本でも読んで少し仕草を変えてみる。しゃべり方を変えてみる、ファッションを変えてみるなど行えばいいのです。金儲けをしたければ、そういう本を読んで、ヒントを得て試してみればいいのです。

まずは自分のできそうなことから試してみるといいでしょう。やってみたら意外と変わったという経験をたくさんして、自分に自信をつけることです。

ダイエットの本を読んで試している人間をバカにするのは簡単なことです。

しかし、やらないよりはやったほうがマシなわけです。

大風呂敷バカには「深入りしない」が正解

大風呂敷バカは、言っていることが立派だったり、かっこよかったりするので、バカ相手には結構、ハッタリも利いて人気があったりします。キャバクラの女の子にモテたり、学生の頃は「あの先輩すごいね」と言われたノリでしょう。

しかし、言っていることに行動がともなっていないので、すぐに人間性の薄さが見破られ、社会に出るとあまり信用されなくなってしまいます。

「俺はこんなことを考えているんだ」「すごい儲け話だよ」というようなことを、いつも言っている人に対しては「すごいなあ」と素直に尊敬してしまうのではなく、多少はその人の実績を見るようにしましょう。

言っていることはすごいのに、なぜこの人はその程度の肩書なのだろうか、この程度しか出世していないのか、ということを観察する必要があります。

そして、大風呂敷バカだと思ったら、あまり深入りせずに付き合うことです。

ただし、本当に面白いアイデアを語っていることもあります。そう思えた場合は自分のほうで先に試してみるという「したたかさ」も必要です。

「大風呂敷バカ」が上司だった場合

結論から言うと、そういう上司は「こいつは絶対伸びない」と見切ってしまえばいいのです。

自慢話をする割に実績のない上司がよくいます。よほどのことがない限り、そういう人が将来抜てきされることはないでしょう。

例えば出版社でも、そういう大風呂敷バカは、デスクくらいまではトントンと昇進するのですが、そのあとパタッと出世が止まることが多いようです。

「大風呂敷バカ」が部下だった場合

そういう人が部下であれば「俺が責任とってやるからやってみろ」というひと言があればいいでしょう。

そういう人でも、行動をするようになれば大化けする可能性もあるからです。

ここがポイント 和田式 バカな！ことわざ・熟語の基本用法

Lesson9　バカ信心

語意　度を越えて信心に熱中することの意。

【和田式解釈】

日本人は特に、この「バカ信心」してしまう人が多いのではないでしょうか？　なぜなら、社会全体的に、肩書や地位の高い人の言うことを、何でもうのみにする傾向があるからです。

「肩書がすごい人は、何でもできるんだ」という、半ば幼稚な発想で「教祖」をまつり上げてしまうのです。

言われた本人たちもすっかりその気になって、まるで万能の力を得たかのように、専門外の場面にも顔を出したりするようになります。そのでたらめな講釈に、国民たちはありがたく耳を傾けます。

これが知的謙虚さのない「井戸のなかのバカ」と「うのみバカ」がつくり上げる社会の「本当にバカげた相関図」です。

このようなバカな社会を脱却するためにも、「バカ信心」する前に、うのみにしないで疑ってください。本質を見抜く知恵をもってください。

それができなくても、インターネットで裏づけをとったり、ほかの可能性も考えられる程度のトレーニングは、ぜひしておいたほうが賢明です。

あとがき

本書を読まれて「バカ」についてのイメージが変わったでしょうか？

私の言う「バカの人」というのが、意外とどこにでもいて、普通の人が陥りやすいものだということに気づいていただければ幸いです。

自分も何らかのかたちで、どれかに当てはまると気づいたとしても、落ち込む必要はありません。むしろ、ある種のメタ認知ができたと考えて、改善の方向に自分をもっていけば、必ずこれからの人生が生きやすくなると私は信じています。「バカは死ななきゃ治らない」とよく言いますが、実際はそれに気づいて対処をすれば通常は治るものなのです。

また、周囲の「バカの人」について、なんでこの人がこんなことをするのかと理解することができれば、少なくとも自分の腹が立ちにくくなったり、人づき合いが楽になることでしょう。

あるいは、こちらからの働きかけが変わったり、この本を読んでもらったりして（これはかなり難しいことだと思いますが）、本人が「気づいて」くれれば、状況はずいぶん変わってくると思います。本人が自分のバカを「自覚」したということは、それ自体がメタ認知となるわけです。

もちろん、本人がいつまでたっても気づかないのであれば、できるだけ距離を置いて見切っていくのも一つの対処です。本人の自覚がなければ、「バカは死ななきゃ治らない」というのもある種の真実だからです。また、本書で取り上げたような治りにくいタイプのバカの場合（例えばパーソナリティ障害的な人）とも、上手に距離をとっておかないと自分が被害に遭うかもしれません。これについても、知らないで接するよりは、多少は人間関係が安全になると思います。

また、これからの社会は成果主義的要素が高くなって、年齢が高いというだけで出世する時代ではありません。おそらくそう考えるような人は、自然に淘汰されていくと私は見ています。なので、私が本書で述べたような「バカの人」がずっと上にいて苦労をし続けることはないはずだと信じて、今の苦境を乗り切ってもらいたいのです（もちろん、そういう人たちでも、親分にべったりとくっ付いたり、疑う力のない無知な人の場合は素直に働くという生き方で、生き残る可能性がゼロではありませんが）。

また、現代は昔と違って、そういう人が夫や妻だったら離婚してもいい時代です。「この人は治す気がないな」としか自分には思えなければ、別れるという選択肢もありだと私は思っています。

さて、「バカ」を治すために意外と大切な要素は「素直さ」です。

「おまえ、これに当てはまってるぞ」と他人から言われて、そこで素直に聞ければ100倍の見込みがあります。

あるいは本書を読んで「自分も当てはまっていそうだ」と素直に思える人であれば、かなりの可能性で将来的な成長の見込みがあります。

ですから相手が素直な人だと自分が思えれば、相手の「バカ」の要素を指摘してあげていいと思います。しかし、指摘を素直に聞けず、バカが増幅していく人も世の中にたくさんいます。特になまじ学力や成功体験があると、自分を「バカ」とは思えないので、頭にきてしまうことでしょう。

ただ、そういう人に対してもあきらめる前に、指摘する側も言い方を変えてみるといいかもしれません。

「東大を卒業しているのにこんな欠点があるということは、この点を直せば学歴をもっと有効に使えるようになるよ」という言い方をすればいいのに「学校で勉強ばっかりしているから、こんなことになるんだ！」というふうな言い方をするから、治るはずの「バカ」も治らなくなる、というのはその一例です。

直接ではなくても間接的にそういうふうに批判されている「学歴が高いバカの人たち」は、かえって意固地になっているのかもしれません。学力が高いだけでも、絶対に少しはポテンシャルがあるはずだというのに残念なことです。


実際は、学力が高いのにほかに欠点があるから、うまくいかない。

つまり、その欠点を直させなければいけないのに、学力が高いせいでダメだと言うような日本人の「ひがみ根性」による間違った指摘を頻繁にされていると「そんなことはない」と反発もするでしょうし、本来直さなければいけない欠点も探そうとしなくなることでしょう。

例えば「うちみたいな中小企業に、初めて東大卒が入社したよ」という事態になって、その東大卒がぜんぜん使えない人だったりすると「やっぱり勉強ばかりしてたヤツはダメだな！」という結論におさまりがちです。
ですが、中小企業に流れてくる東大出身者は、高い学力が使えず失敗を重ねてきた「バカの人」である可能性が高いのです。ですから東大卒だから使えないのではなく、本人がバカだから使えないのです。

そのバカの人ひとりをみて、東大ＯＢ全体を判断してはいけません。その人について、どこが悪いから仕事ができないのだということを見出して直してあげれば使いものになるかもしれません。東大卒の人がプライドが高くて自分で直そうと努力しないのなら、その時点で初めて斬り捨てればいいことです。

このように「バカ」を治そうとしたい場合は、治す側もまずは偏見を捨てて、相手を冷静に観察することが大切です。ただ、冷静に観察するにしても「ガイドライン」がないと難しいでしょう。自分が社会でうまくいかないことについて、自己改造をしたい場合や、他人の「バカ」を改善したい場合のガイドラインとして本書を利用していただければ著者として幸いなことです。
もちろんうまくいかないこともあるかもしれませんが、やってみて初めて相手に見切りをつけても遅くない（特に前述の夫婦や友人関係の場合は）ことだけは確かだと私は信じています。

あるいは、パーソナリティ障害型のバカの人のように、そのことを知ることで巻き込まれる危険を回避できるというのも本書のメリットだと思っています。そういう意味で、本書を上手に使ってほしいというのが著者としての真意です。

2016年8月　和田秀樹

本書は、二〇〇五年五月、全日出版から発売された単行本『バカの人』を改題し、加筆・修正し、文庫化したものです。

文芸社文庫

「バカの人」相手に感情的にならない本

二〇一六年八月十五日　初版第一刷発行
二〇一六年十一月五日　初版第四刷発行

著　者　和田秀樹

発行者　瓜谷綱延
発行所　株式会社　文芸社
〒一六〇-〇〇二二
東京都新宿区新宿一-一〇-一
電話　〇三-五三六九-三〇六〇（代表）
〇三-五三六九-二二九九（販売）
印刷所　図書印刷株式会社
装幀者　三村淳

ISBN978-4-286-17853-0

［文芸社文庫　既刊本］

トンデモ日本史の真相　史跡お宝編
原田　実
日本史上の奇説・珍説・異端とされる説を徹底検証！　文庫化にあたり、お江をめぐる奇説を含む2項目を追加。墨俣一夜城／ペトログラフ、他

トンデモ日本史の真相　人物伝承編
原田　実
日本史上でまことしやかに語られてきた奇説・珍説・伝承等を徹底検証！　文庫化にあたり、「福澤諭吉は侵略主義者だった？」を追加（解説・芦辺拓）。

戦国の世を生きた七人の女
由良弥生
「お家」のために犠牲となり、人質や政治上の駆け引きの道具にされた乱世の妻妾。悲しみに耐え、懸命に生き抜いた「江姫」らの姿を描く。

江戸暗殺史
森川哲郎
徳川家康の毒殺多用説から、坂本竜馬暗殺事件の謎まで、権力争いによる謀略、暗殺事件の数々。闇へと葬り去られた歴史の真相に迫る。

幕府検死官　玄庵　血闘
加野厚志
慈姑頭に仕込杖、無外流抜刀術の遣い手は、人を救う蘭医にして人斬り。南町奉行所付の「検死官」が、連続女殺しの下手人を追い、お江戸を走る！